Eduard Dorn

Das letzte Aufgebot

vaterländisches Volksstück mit Gesang in zehn Bildern

Eduard Dorn

Das letzte Aufgebot
vaterländisches Volksstück mit Gesang in zehn Bildern

ISBN/EAN: 9783743485488

Hergestellt in Europa, USA, Kanada, Australien, Japan

Cover: Foto ©ninafisch / pixelio.de

Weitere Bücher finden Sie auf **www.hansebooks.com**

Das letzte Aufgebot.

Vaterländisches Volksstück mit Gesang in zehn Bildern

von

Eduard Dorn,

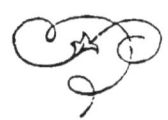

Wien, 1876.

Verlag von L. Rosner.

Mit Vorbehalt aller gesetzlich zustehenden Rechte den Bühnen gegenüber als Manuskript gedruckt, und für Deutschland und Oesterreich-Ungarn nur zu beziehen durch den Verfasser **Eduard Dorn** in Wien, Neubau, Kirchengasse Nr. 10.

Erstes Bild:
Das Scheibenschießen zu Brunecken.

Zweites Bild:
Der Kapuziner Rothbart.

Drittes Bild:
Die Schlacht am Iselberge
(lebendes Tableaux).

Viertes Bild:
Beim Adlerwirth in Innsbruck.

Fünftes Bild:
Der Statthalter von Tyrol.

Sechstes Bild:
Im Hauptquartier zu Steinach.

Siebentes Bild:
Das letzte Aufgebot
(lebendes Tableaux nach Defregger).

Achtes Bild:
Eine Winternacht.

Neuntes Bild:
„Leb wohl mein Land Tyrol".

Zehntes Bild:
Lebendes Tableaux als Apotheose.

Personen.

Andreas Hofer, Sandwirth, später Obercommandant und Statthalter von Tyrol.
Josef Speckbacher von Rinn.
Joachim Haspinger, Kapuzinermönch.
Peter Huber, Wirth zu Brunecken.
Anton Wallner, Wirth zu Sterzing.
Christian Stoß.
Franz Eisenstecken.
Anton Sieberer.
Johann Kolb.
Anton Neffing.
Peter Neffing, dessen Sohn.
Gottlieb Petsch.
Josef Raffel.
Cajetan Sweth, Hofer's Schreiber.
Anton Wild, Hofer's Knecht.
Anderle, Speckbacher's Sohn, 15 Jahre alt.
Der Bürgermeister von Innsbruck.
Anton Niederkircher, Wirth „Zum goldenen Adler" in Innsbruck.
Josef Freiherr v. Hormayr, k. k. Hofcommissär in Tyrol u. Vorarlberg.
Freiherr von Lichtenthurn, Abgesandter des Kaisers.
Anna, Hofer's Frau.
Johannes, ihr Söhnchen, 9 Jahre alt.
Marie Pichler, eine junge Bäuerin.
Mademoiselle Finette.
General Bisson, Festungsgouverneur von Mantua.
Ein Sergeant.
Franz Rainer, \
Nani, |
Uroni, } Tyrolersänger aus dem Zillerthal.
Christel, |
Gustel, /
Cilli, Niederkircher's Tochter.
Die Stimme des Seniors der Studenten.
Bewaffnete Bauern aus allen Thälern Tyrols. Eine Truppe österreichischer Soldaten. Französische Offiziere des Kriegsgerichtes. Französische und bayrische Soldaten. Bittsteller u. s. w.

Ort der Handlung: Tyrol und die Festung Mantua. — Zeit: 1809 und 1810.

Erstes Bild.

(Rechts und links vom Schauspieler.)

Freie Gegend vor Huber's Wirthshaus zu Bruneckn. Unter dem Giebel des Hauses hängen Scheiben, worauf verschiedene Schützenbilder gemalt sind. Das Haus steht rechts. Links der Schießstand. Im Hintergrund ein praktikabler Hügel. Hinter dem Hügel prachtvolle Fernsicht ins Pusterthal.

Erste Scene.

Huber, Eisenstecken, Stoß, Sieberer, Mayer und viele Andere am Schießstand beschäftigt.

Auf dem Hügel im Hintergrunde **Anderle, Speckbacher's Sohn, Nani, Vroni, Gustel** und **Christel,** Alpenkränze bindend.

Anderle (singt). Tyrolerland! Tyrolerland!
    Wie hab' ich dich so gern!
    Viel lieber grath'ert ich mei' Hand —
    In meinen Aug'n die Stern! —
    Eh i von dir mi trenna künnt
    Eh lasset i mei' Leb'n!
    Du bist mei' Muata, i dei' Kind —
    Da kann's koa Trennung geb'n!
    Gab's irgendwo auch Berg und Thal
    Von Gold und Edelstein,
    Und jeder Tropfen Wasserfall
    Wär Silber — weiß und rein —
    Mir wär holt do net feil dafür,
    Mei' liabs Tyrolerland!
    So grün die Berg, so blau der See —
    O liebes Vaterland!! —

Die vier Mädchen. So grün die Berg, so blau der See. O liebes Vaterland!!

Alle (Jodler).

Anderle. Es geht nix über den Ausblick! Soll Daner kemma und sagen er hat was Schöner's g'sehn?! —

Die Mädchen. Recht hast, mei' Bua! Da giebts nix Zweit's!

Anderle. Ich dank dir z'tausendmal, du lieaber Gott, daß du mir zwoa g'sunde Augen geben hast — deine Herrlichkeit bewundern z'kenna!! —

Sieberer (am Schießstande zielt und schießt). A Zwoarer ist's! —

Stoß (65 Jahre alt). Dös is weiter was? Huber, leih ma dein' Stutzen! Will dem Greanspecht weisen, daß i a no was triff!? —

Huber (giebt ihm den Stutzen). Da, Vater Stoß! Wann er enk nur net z'schwoar is? Da Eisenstecken hätt' an g'ringern! —

Stoß. Ah na, nix da! (wiegt den Stutzen) Grad' der ist der recht'! Der legt si fest in d' Hand. (Er geht an den Stand.)

Sieberer (mit etwas Hohn). Vater Stoß! Schaut's nur, daß net d a n e b e n geht?!

Stoß. Heanz mi nur! a Zwoarerl triff i a no — wann net no was Besser's!!
(Er zielt und schießt.)
(Hierauf kracht in der Entfernung der Böller.)

Alle. Ui! Der Böller?! —
(Man hört den Zieler in der Entfernung dreimal aufjauchzen.)

Alle. Mitten ins Schwarze!!

Sieberer. Der beste Schuß!
(Die Musik spielt einen Tusch, die Mädchen kommen und behängen Stoß mit Kränzen.)

Huber. Jetzt geht's guat! Schießßen d' Ahneln schöner als d' Kinder?! —

Sieberer. Der erste Preis, die Pinzgauer Kuah g'hört dei'! —

Alle. Juhu!

Stoß. Mei' Alte wird a weng spitzen — wann i mit'n ersten Preis hoam kimm?! —

Anderle (sieht hinaus und ruft). Der Hofer kummt! —

Alle. Was? Der Sandwirth! (Sie sehen ihm entgegen.)

Zweite Scene.

Vorige. Andreas Hofer und **Eweth** der Schreiber. (Sie treten im Hintergrunde auf, und bleiben am Hügel stehn.)

Hofer (in der Passehertracht). Grüaß Gott, Landsleut! —
Alle. Grüaß Gott!
Huber. Du kommst zu uns her? Da muaß was Wichtig's geb'n!
Hofer (steigt herab). G'wiß! — Laßt's das Schieaßen noch der Scheib'n — sparts di Kugeln und 's Pulver! Bald giebts ein ander's Ziel!
Stoß und **Huber.** Was ist's denn?
Die Uebrigen. Was ist denn g'scheh'n? —
Huber. Du schaust so ernst drein! Giebts leicht bald wieder was?
Hofer. A Nachricht bring i — die euch wie mir 's Herz z'sammpressen wird! —
Huber. Red, Anderle, was ist's?
Alle. Red! Wir losen zua!
Hofer. Der Erzherzog Carl hat am zwölften Juli ein' Waffenstillstand mit'n Bonaparte abgeschlossen, nach welchen der Koaser alle Soldaten aus Tyrol bis zwanzigsten August z'ruckzog'n, und alle festen Plätz' wieder an die Bayern und Franzosen übergeben haben muaß!! —
Alle (entsetzt). Net mögli ist das?
Hofer. Wahr ist's! Leider Gottes, wahr!
Stoß (tritt vor). Was wär' das! Jetzt — wo wir die Boarnsexen zwamol aus'm Landl aussig'haut hab'n, — wo die Franzosen aus Tyrol g'rennt san — als ob der böse Feind hinter ihna drei' wär — jetzt — nachdem wir uns siegreich — alleini — ohne fremde Beihülf g'holfen und freudig unser Leben dafür ein= g'setzt haben, — jetzt soll'n mir still zuaschau, wie's uns 's Landl wieder fortnehmen?! —
Huber. Nimmermehr!
Alle. Wir dulden's net!
Huber. Wir widersetzen uns!
Eisenstecken. Wir lassen d' Soldaten net abmarschieren!
Sieberer. So ist's! Mit G'walt halten wir's z'ruck!

Alle. Wir lassens net aus'm Tyrol aussi!

Hofer. Landsleut! Hörts zua mein Rath, was wir thuan wöll'n!

Stoß. Red, Anderle! Auf di losen ma auf! Dei' Wort gilt — weil ma wissen, daß dei' Herz net falsch sei' kann! —

Alle. Ja! Red, Anderle!

Hofer. Der Koaser hat den Herrn von Hormayr herg'schickt zu mir, mit dera Schreckensnachricht! Aber — i glaub' halt, daß der Koaser mit'n Bonaparte nur *auswendi* den Waffenstillstand abgeschlossen hat — *inwendi* — im Herzen moant er's anders! Der guate Franzl hat 's Tyrol z'gern, *viel z'gern*, als daß er's auf Gnad und Ungnad dem Bonaparte übergeben sollt!? Und dann hot er uns ja a fei'rli versprochen, uns *net aufz'geben* — und 's wär *Hochverrath*, wenn Oaner von uns denka kinnt — daß der Koaser nit sei' Wort halten, und getreuli erfüllen wird!?

Stoß. Ja, ja! Da dran müassen ma glauben!

Huber. Und fest halten!

Hofer (zieht eine Schrift hervor). I moan halt a so: — Da hob i a Bittg'schrift abg'faßt — fehlt nur mei' Nam' drunter — lest's! — (giebt die Schrift an Huber) In derer Bittg'schrift leg'n wir dem Koaser unser Noth und Bedrängniß an sei' kaiserliches und väterliches Herz, und bitten eahm, daß er sein treues Land Tyrol net verlassen möcht'! Und wann er die Soldaten aus'm Landl durchaus zurückzieag'n muaß — weil er's halt schon amol dem Bonaparte versprochen hat — soll er doch aber stillschweigend sei' *Zustimmung* geben — im Fall der Feind unser Tyrol b'setzen will — wir uns *alloanig* vertheidig'n und b'schützen dürfen — so wie wir's allaweil 'than hab'n! —

Alle (sie haben die Schrift von Hand zu Hand gehen lassen, aber doch dabei Hofern mit Begeisterung zugehört). So ist's! Dös wöll'n ma thoan!!

Hofer. Mit dera Bittg'schrift söll'n der Sieberer und der Eisenstecken über die Grenz nach Ungarn, auf das G'schloß, wo der Koaser sich jetzt aufhalten thuat! — Gleichzeiti — hab i da zwoa Brief — an den Haspinger nach Matrey, und an den Speckbacher nach Thörl g'schrieb'n — worin i ihna mei' Vorhaben mittheil', und sie auffordern thua — daß sie sich in Bereitschaft halten söll'n! Mei' Knecht tragt den oan Brief heut no an den Rothbart ins Kloster übri — und dei' Bua, Huber, kann übern Gamssteig in die Klausen zum Speckbacher! — Na — redts jetzt! Seids einverstanden damit — oder woas Daner was G'scheider's?! —

Alle. Guat ist's, Anderle! Recht hast than!

Sieberer und **Eisenstecken.** Und wir Zwoa gengan zum Koaser mit der Bittg'schrift!! —

Hofer (zu Sweth). Cajetan! Thua die Tinten und d' Federn aussi — damit i Alles unterschreib! — (Er geht zum Tisch. Sweth schraubt ein kleines Tintenfaß in den Tisch, und reicht ihm die Feder. Hofer setzt sich und unterschreibt. Alle Uebrigen gruppiren sich um den Tisch.)

Dritte Scene.
Vorige. Hormayr.

Hormayr (tritt ungesehen ein und legt die Hand auf Hofer's Schulter). Anderle! was schreibst denn da? — (Hormayr ist im Reiseanzug.)

Hofer (ruhig aufstehend und langsam weiter schreibend). Ah — der Herr von Hormayr is schon da? Was i da schreib, fragst? — Die Bittg'schrift an den Koaser Franzl unterschreib i — und die zwoa Briaf da — g'hörn für'n Haspinger und Speckbacher! So wie i dir's bereits g'sagt hab' — so muaß' halt bleiben — Herr Hofcommissär von Tyrol!! —

Hormayr. Nenn' mich nicht mehr so, Anderle! Du weißt, daß wir Tyrol verlassen — und es den Franzosen und Bayern wieder übergeben müssen!

Hofer (steht auf). Müassen? — Das woas i grad net — ob ma müassen!!? —

Hormayr. Behüt der Himmel, daß du an was Anderes denkst! Du weißt ja, daß der Kaiser den Waffenstillstand mit'n Bonaparte g'macht hat — und so lang der dauert, darfst nichts unternehmen, Anderle!!

Hofer (latonisch). Jo — woaßt! J glaub halt, daß dös ka richtiger Waffenstillstand ist — weil uns're Soldaten ja net mit die Waffen still stehn — sondern damit aus'm Landel ausmarschieren und uns verlassen woll'n! — Darum hab i da an den Rothbart und Speckbacher g'schrieben wie wir's verhüten woll'n — bei dem unrichtigen Waffenstillstand — net gleichzeiti an die Franzosen und Bayern ausg'liefert z'werden!! —

Stoß (energisch). Recht hat der Anderle, daß er das thoan will!! —

Alle. Ja! Recht hat er!

Huber (fest). Und er handelt nur nach seiner besten Ueberzeugung, und mit unsern Willen!

Hormayr. Aber bedenkt doch nur — der Kaiser hat's ausdrücklich versprochen, daß das österreichische Militär während des Waffenstillstands Tyrol räumen muß! Wollt ihr denn, daß der Kaiser dem Napoleon wortbrüchig wird?! —

Huber. Aber wanns g'schieht — dann ist der Kaiser u n s wortbrüchi! —

Hormayr (streng). Hör' du, Huber! Nur net z'gach! Bedenk was du red'st!

Hofer (begütigend). Es is ihm nur so über die Zunge g'rutscht. — Wer wird an so was denken?! — Der guate Kaiser Franzl uns sei' Wort brechen?! (vertrauensvoll) So fest die Tauern stehn auf ihrem Grund — so fest glaub i an das, was er uns Tyroler versprochen hat!! —

Hormayr. Tritts a bißl zurück, Landsleut! Ich hab' mit 'n Hofer einige Wörtl allein zu reden! —

Stoß (lakonisch). Na — i denk wohl — der Anderle hat koa G'hoamniß vor uns! Sag' ist's net so? —

Hofer. Ja ja! So ist's! Red nur, Herr Hofcommissär! Sie dürfen Alles hören! —

Hormayr. Nein, Anderle! das kann ich nicht thun! Was ich dir zu sagen hab' — ist sehr wichtig fürs Tyrolerland — aber vorläufig darfst du's nur allein hören! —

Hofer. Wanns a so ist — so geht's a wengl ums Haus — und laßt's mi mit 'n Herrn Hofcommissär alleinig! —

Stoß (treuherzig). Du laßt uns net im Stich — gelt? —

Hofer (ebenso). Wie kannst so was denken? I hoaß ja Andrä Hofer!! —

(Mehrere drücken ihm die Hände, und Alle gehen dann zu beiden Seiten in die Coulisse.)

Vierte Scene.

Hofer und Hormayr.

Hormayr (sich umsehend). Jetzt sind wir allein, Anderle! Und jetzt wollen wir a vertraulichs Wörtl mit einander reden — das Niemand hören soll — als wir Zwei!

Hofer (bedeutungsvoll). Und — unser Herrgott!! den dürfst's net vergessen!? —

Hormayr (lächelnd). Richtig, Anderle! — Wir reden auch nun über Sachen, die unserm Herrgott wohlgefällig sind — denn, wir reden von dir, und vom Tyrolerlandel! Alsdann: — ich hab' dir noch einen Auftrag auszurichten, im Namen des Erzherzogs Johann — den du ja so verehrst!

Hofer (rasch). Was hat der gnädige Erzherzog g'sagt? Was will er von mir?!

Hormayr. Er will — daß der Andreas Hofer allen Tyrolern mit gutem Beispiel vorangeht — und nichts unternimmt, was gegen die Artikel des Waffenstillstands verstößt; ferner will der Erzherzog — daß sein lieber Freund — für sich und die Seinigen das Leben und ihre Freiheit sichert — und darum mit den österreichischen Truppen zugleich 's Tyrol verlaßt — und sich auf einige Zeit in den Schutz des österreichischen Heeres begibt!!

Hofer (rasch). Das kann i net! — So sehr i den gnädigen Erzherzog Hannes verehr, und ihm sein' Will'n thun möcht — aber das — das kann i net!! denn — (feierlich) ich hab's g'schworn, in die Hand des Priesters, und in mein' eig'nen Herzen, daß ich: grad so, wie ich mein' Gott und mein' Koaser treu blieben bin — ich a' treu bleiben will dem Tyrolerlandel!! — Daß ich mein' letzten Bluatstropfen dafür hin'zgeben in Bereitschaft bin! — Ja — dös hab i g'schworn, und mein' Schwur will i a halten, als guter Christ, und braver Soldat, und mein' Fahn' nimmermehr verlassen!! — Es kann dem Erzherzog sei' Ernst net sein, daß er das von mir glaubt?! — Was? I soll jetzt in dera schweren Bedrängniß 's Tyrol verlassen? Und meine Hauptleut — meine Kameraden — meine Landsleut — die möchten mich ja verfluachen — mich ein' hartherzigen Verräther schelten, der sei' Land verkauft um sei' eig'ne Sicherheit z'retten! Und Recht hätten's, wann's das thäten! Na, Herr! Dem Landl g'hört jeder Bluatstropfen von mir! Mit ihm will i frei sein — oder untergehn!!

Hormayr. Schau — wie sehr du dich irrst, Anderle! Du glaubst deine Hauptleut, deine Kameraden würden dich verachten, wenn du jetzt mit den Oesterreichern gehst, und dei' Leben in Sicherheit bringst? Merk' auf, Mann, was ich dir jetzt sag: — deine liebsten Freund — denen du am meisten vertraut hast — werden heut noch — aus freier Wahl Tyrol verlassen, und mit unsern Truppen nach Kärnthen ausmarschieren!! —

Hofer (heftig). Das ist net wahr! Das ist net mögli! Der Speckbacher thut's nimmermehr!

Hormayr. Der Josef Speckbacher thut's wohl, Anderle! Ich hab ihn heut Früh g'sehn und g'sprochen! Erst hat er sich dagegen g'wehrt, so wie du; später aber hat er eing'sehn, daß es besser ist sein Leben in Sicherheit zu bringen, als einem rachsüchtigen Feind in die Händ' zu fallen!

Hofer (kummervoll). Der Josef Speckbacher wandert aus? Er — mein Treuester, kann 's Tyrol verlassen?

Hormayr. Und mit ihm, der Aschbacher — der Pichler — und viele Andere!

Hofer. Ist das zu glauben? Tyrol soll wieder in Feindes= hand — und Alles — Alles soll umsonst g'wesen sein?! (Er bedeckt schmerzvoll sein Gesicht.)

Hormayr (legt seine Hand auf Hofer's Schulter). Komm — An= dreas! Sei vernünftig! Laß mich den weiten Weg nicht um= sonst g'macht haben! — Mein Wagen ist ang'spannt! Komm — wir fahren zusammen nach Matrey — und morgen über die Grenz' — und du bist gesichert!

Hofer. Gesichert für mei' Leben? — a Leben — mit Schand bedeckt! (sich heroisch aufraffend) Ich kann net! Kann's nimmermehr! — So wie mir's unser Herrgott da ins Herz g'schrieben hat — so muaß i handeln — und so wirds wohl a recht sein!! (Er geht gegen die Coulisse.)

Hormayr (rasch). Was willst denn thun?

Hofer. Was i für Recht halt! (hineinrufend) Freund! Lands= leut! Kommts heraus!

(Alle kommen zurück.)

Hormayr (für sich). Was wird er thun?

Hofer. Was i mit'n Herrn von Hormayr hoamli g'redt hab, sollts erfahren — auch was i b'schlossen hab — und dann entscheiden, ob i rechtschaffen handeln will — oder net! — Der Herr Hofcommissär hat mir für g'wiß erzählt, daß der Speckbacher und noch Andere mit den Oesterreichern fortzieag'n woll'n und hat mir ang'rathen — i sollt dasselbe thoan — und 's Tyrol verlassen! So moant halt der Herr Hofcommissär!!

Huber. Und was moanst denn du?

Hofer. I moan: weil i g'schworn hab, dem Landl zu dienen so lang i leb — so muaß i a mein' Schwur halten als rechtschaffener Mann, und dahoam bleiben im Tyrolerland!!! —

Alle (aufjauchzend). Juhu!! —

Stoß (fällt ihm um den Hals). G'sengs dir Gott, jetzt und in alle Ewigkeit!

Hormayr. Du willst dich also muthwillig mit deiner Familie in Todesgefahr begeben? —

Hofer. Muthwillig net, Herr! Aber muthig will ich der G'fahr entgegen gehn — und meine Leut werd'n mir dabei helfen! Glückliche Reis', Herr Hofcommissär! Mei' Tyrol halt mi fest mit meiner Lieb und Treu — und nimmer will ich's verlassen — soll kommen was da will!

Hormayr (sieht in die Coulisse, für sich). Ha — erwünscht! (laut) Schau dorthin! Deine besten Freund verlassen dich — und nur du allein willst bleiben!?

Fünfte Scene.

Vorige. Speckbacher, mit einer Truppe österreichischer Soldaten, ziehen im Hintergrunde über die Bühne.

Anderle (auf Speckbacher losstürzend). Vater!

Hofer (sieht Speckbacher von der Seite an, halb für sich). Er ist's! Es ist richtig der Speckbacher!?

Anderle (schmerzlich). Vater! Ist's wahr, daß d' fortziehn willst?

Hofer (ihm zurufend). Seppel! Du willst 's Landl im Stich lassen? Du?! — Thu's net! Geh net mit ihnen — sie führ'n dich der Schand zua!!

Speckbacher (mit sich kämpfend). Hofer — du? — Du ruafst mir dasselbe zua — wie's da inwendi schon g'ruafen hat?!

Hofer. Häst g'folgt der Stimm in dein' Herzen — sie kommt von Gott!!

Speckbacher (wirft seinen Stutzen über die Schulter und springt herab). Da bin i, Anderle! I will net in die Schand und 's Tyrol verlassen, weil i jetzt woas, daß du's a net thuast! Verzeih mir die schwache Stund!!

Hofer (aufjubelnd). Der liebe Herrgott hat dir schon ver= ziehn! — Weil i di nur wieder hab, Seppel! (umarmt ihn) A Stück von mein Herzen wär mit dir fortgangen — kannst mir's glauben!? — Sixtas, Herr Hofcommissär! Der Seppel bleibt bei mir! Und viele brave Männer und wackre Schützen bleib'n z'ruck — die will i zu mir ruafen! Zweimal schon hab'n wir uns vom Feind befreit — ohne fremde Beihülf, alloan vertrauend auf Gott und unsre schwache Kraft — es wird uns auch zum drittenmal gelingen!!

Hormayr. Und wenn nicht? Wenn du dich ins Verderben stürzest und dein Land mit dir! Ich hab dich gewarnt! Denk an die Stund', wo ich dir den Weg zur Rettung zeigte, Mann!

Hofer. Ich werd' d'ran denken!! Es muaß a jeder sei' Schuldigkeit thuan auf der Welt! Du, Herr Hofcommissär, moanst du thuast dei' Schuldigkeit wannst gehst — i moan i thuas wann i dableib!! — Der liebe Herrgott wird ent= scheiden — wer von uns Zwoa das Rechte 'troffen hat!! — B'hüt di Gott!!

Alle (stürmisch). Hoch! Andreas Hofer!

(Er drückt Hormayr die Hand, wendet sich dann zu den Uebrigen, die ihn stürmisch umringen. Hormayr geht gesenkten Hauptes mit den Soldaten im Hintergrund ab.)
(Während dessen fällt, unter Musik, der Vorhang.)

Zweites Bild.

Tyroler Wirthsstube. Bei Wallner, Wirth zu Sterzing.

Erste Scene.

Wallner, Haspinger, Anton und **Peter Nessing, Johann Kolb** und noch acht andere Bauern sitzen in Gruppen zechend. Kellnerinnen bedienen.

Wallner. Ihr meint's also, Ehrwürden, daß es wieder losgeht?

Peter Nessing. Natürli! Soll ma denn den Feind ruahig ins Land einilassen?

Kolb. Mit G'walt muaß er z'ruckdrängt werd'n!

Anton Nessing. Oder meint's, Ehrwürden, daß man sich ruhig verhalten — und demüathig g'schehn lassen soll, was g'schieht — weil man's vielleicht do net ändern kann?!

Alle. Was fallt dir ein?

Wallner. Sagt's eure Meinung, Ehrwürden! (Die sechs Eingangsreden werden rasch und aufgeregt an Haspinger gerichtet.)

Haspinger (achselzuckend und lakonisch). Ich mein' — Alles hat sei' Zeit! Das Ruhigsein — und 's Dreinschlag'n! Das Beten — und wieder auch das Politisiren!! Wann's beten wollts — kommts zu mir! Ich lerne euch beten — und will euch auch durch a Predigt d' Höll so tüchtig heiß machen — daß euch die Grausbirn aufsteig'n!! — Aber — wenn ihr den Feind aus'm Land 'naushau'n wollts? Was fragt's denn da mich? — Geht's zum Anderle! Ich kann euch nur Rath für euer Seelenheil geben; euer zeitliches Heil müßts vom Andrä Hofer erwarten — das ist euer Commandant!

Peter Nessing. Der is nirgends z'finden!

Kolb. Selbst sei' Weib weiß net wo er steckt!

Anton Nessing (mißtrauisch). I moan alleweil — i moan alleweil

Haspinger (aufstehend, heftig). Was denn? — Ihr gottlosen Teufelsbraten! — Meint's ihr, der gottesfürchtigste Mann im ganzen Land hat sich versteckt — weil er Furcht hat vor die Franzosen, oder Boarn, die jetzt wieder von allen Seiten ins Land dringen woll'n?! —

Wallner. Na na! das glaub'n wir nimmermehr! Der Anderle wirds net so machen, wie der Aschbacher und die Andern, und uns in der Trübsal und Noth verlassen!

Haspinger. Das ist rechtli gedacht von dir, Wallner!

Die Uebrigen. Wir denken a net anders vom Hofer!

Anton Nessing. Aber — daß er halt gar nix hören laßt?!

Haspinger. Wanns an der Zeit ist — wird er 's Maul schon aufmachen!

Wallner (sieht durchs Fenster.) Was sieach i? Kommt da net 'n Anderle sei' Knecht — der Anton Wild? —

Haspinger (springt auf). Was?! —

Alle (sehen hinaus). Ja ja! er ist's schon!

Haspinger. Der kommt übern Brenner — der bringt Nachricht!!

Zweite Scene.

Vorige. **Anton Wild** (tritt auf, mit Staub bedeckt).

Wild (ein hoher Fünfziger, aber noch rüstig, von lustiger Gemüthsart, treu und ergeben seinem Herrn). Gott sei Dank, daß i enk antriff, Ehrwürden! Grüaß Gott, alle miteinand!

Haspinger. Suchst mich — Anton Wild?

Wild. Freili, freili! War schon im Kloster drüben? Habens ma g'sagt, daß ös beim Wallner seids — bin i nacha hergrennt g'schwind! — A Brieferl hätt' i da vom Sandwirth! a freudigs Brieferl, so moan i — ja?! —

Alle. Er schreibt?

Haspinger. Gieb'n her den Brief!

Wild. Hab'n gar guat versteckt — für den Fall — d' Franzosen derglengan mi! (Er rollt die Strümpfe von den Waden und zieht den Brief hervor.) Da is er schon! Aber soll heut no wieder z'ruck — mit der Antwort — zum Sandwirth!? —

Haspinger (nimmt den Brief). Sollst sie haben, braver Tonel! Aber jetzt lab' di — hast noch ein' schweren Gang z'machen heut'!

Wild. Macht nix! Meine Boaner halten schon was aus — und hab' i erst a Tröpferl Wein im Magen, spring i über d' Felsen wie a Gamserl! Ja ja!

Wallner. Geh nur eini da! Leg di auf d' Ofenbank! (ruft) Liesel! an Wein — und was z' Essen für'n Tonel!

Wild (im Abgehen). Dank schön! Aber z'viel müßts ma net geben, Wallner? das wär g'fehlt! a Seiterl — mehr net! Mehr durchaus net! (Ab.)

Alle (auf Haspinger eindringend). Was schreibt er denn, der Anderle? Was schreibt er? —

Wallner. Lest's den Brief, Ehrwürden!

Alle. Ja, lest's! Wir warten d'rauf! —

Haspinger. Ruhig! — Muß erst sehn, ob das was im Brief steht — nur ich allein z'wissen brauch — oder i h r a u c h ! (Er entfaltet den Brief und tritt zur Seite.)

(Kleine Pause.)

Wallner (zu den Andern). Scheint was Freudig's d'rinn z'stehn. Schaut's nur, wie dem Pater sei' G'sicht leuchten thut! —

Peter Nessing. Es muaß was Außerordentlich's sei'? — Er trocknet sich d' Augen! —

Haspinger (tritt vor, leuchtenden Blicks). Ja! Ja, Kinder! Ihr sollts wissen, was der brave Hofer schreibt! — Horchts auf! Und jedes Wort fall' in eure Herzen! —

Alle (stürmisch). Wir horchen!

Wallner. Ich bitt enk, lest's! —

Alle. Ja, ja! lest's! —

Haspinger (lesend). „Lieaber Bruader Rothbart! Es ist Alles umasunst g'wesen, die Oesterreicher ziehn zum Landl 'naus, und der Koaser, oder, eigentli net der Koaser — sondern seine Schreiberleut habens festg'setzt mit'n Bonapartel, daß die Franzosen und Boarn in unser Land einmarschieren, und die alten Greu'l wieder von vorn anfangen solln. — Aber i denk — wann uns die österreichischen S o l d a t e n a verlassen — unser H e r r g o t t wird uns n e t verlassen! — Er hat uns're Berg dahin g'stellt, wo's stengan — und hat uns starke Arm verliehn — damit wir diese natürlichen Grenzen beschützen solln, vor j e d e n Feind, der net c i n i g'hört! Darum, lieaber Bruader, wenn du so denkst wiea i — so sammle die tapfern Schützen um dich, biet, wo's d' kannst, den L a n d s t u r m auf! Sag's nur, es g'schieht in mein' Nam' — und ruck mit Alle gegen den B r e n n e r vor, wo ihr mich hoffentlich treffen und das Weitere von mir hören sollt. — Der Seppel Speckbacher ist n e t fortzogen, sondern im Land 'blieben. — Er sammelt die besten Schützen in s e i n e r Gegend. — Tyrol muaß von jetzt an nur von Tyrolern b'schützt

werd'n — so will's der liebe Herrgott! — Alsdann — nehmts enf z'samm — und machts seinem allmächtigen Willen ka' Schand! B'hüat Gott — und geh' glei' ans Werk. —"
„Dein vielgetreuer Andrä Hofer,
Sandwirth und Commandant".
(nachdem er zu Ende gelesen)
Na — was sagts jetzt, Männer?! —

Wallner (glühend). I sag: Der ist ka Tyroler, der net glei' zum Stutzen greift, und dem Anderle net folgt! — Hoch! Unser Commandant!

Alle. Hoch! Dreimal hoch!

Peter Nessing. Niemand hilft uns — als Gott, und wir selber!

Alle. So ist's!

Haspinger. So ist es, ja! Aber — blindlings dürfts ihr euch net in den Kampf stürzen! Jetzt, da ihr so denkt, darf ich euch auch net länger verbergen, was ich weiß; denn, es ist eine gar gefährliche Sach', in die wir gehen wollen! — Wißts also: — der Mordbrenner Lefebvre ist mit 25,000 Mann im Anzug! Der General Deroi ist im Anmarsch, und will durch's Pinzgau, und über's Gerlosgebirg 'gen Innsbruck! Außerhalb Lienz steht der wilde General Rusca, und soll schon über die Crysantenschanz ins Land einbrochen sein! Und in Salzburg steht wieder der bayrische General Wreden und der General Arco mit ihren wüthigen Schaaren! Es sind ihrer mehr als 50,000 Mann, die von allen Seiten heranziehn, um das arme Tyrol zu zertreten! — Ueberlegts also — ihr Männer, ob ihr dennoch den guten Willen habts, das schwere Werk zu beginnen, und euer Leben — euer Eigenthum — ja, Weib und Kind einzusetzen, für die Freiheit eures Landes!!? — Nehmts euer Herz in d'Hand, und fragts: ob es den Muth hat, und die Kraft, allem Mißgeschick standhaft und freudig zu trotzen!? — Das ist's was ich euch noch hab' sagen wollen, bevor wir noch unsere Plän' machen, und bevor ich dem Anderle die Antwort schick'.

Wallner (mit Begeisterung). Mein Herz soll i fragen, ob's net zagt und zittert? — Wie i im Mai hoam kommen bin, aus der Schlacht — war mei' Haus a Schutthaufen — a Brandstatt! Hab net glei' g'wußt, ob mei' Weib und meine zwa Kinder noch am Leben? Hab glaubt sie san todt! — Wer hat mi woanen g'sehn? bin i net rüsti an die Arbeit gangen wieder? Hab i net Gott gedankt für den Sieg, den er uns verliehen hat, und hab' i net **Alles Unglück über die große Freud vergessen g'habt**?! — Mei' Herz ist voll Muth und **Standhaftigkeit**, und ich moan halt, daß wir das Letzte wagen müssen, weil sonst **Alles, was wir bis jetzt geopfert haben — verloren wär!** Die Sach' ist schwer — aber net **unmögli** — und was net unmögli ist — **muaß ma versuachen für's Landl!** Das ist **mei' Meinung**!!

Peter Nessing. I hab a jung's Weib und a klans Büaberl, die **i gar sehr lieb hab'**! I hab mei' Haus, meine Aecker und Wiesen! Aber — Alles will i **grathen lieber, als noch amol unter d' Herrschaft der Franzosen kemma**! Mein' Koaser und mein' **Vaterland** g'hört Alles was i bin und hab'!!

Kolb. Wann a der Feind übermächti ist und stark, wann a d' Soldaten uns verlassen haben — unsere Berg stehn noch fest — das san **unsere Festungen** — da d'rinn woll'n ma kämpfen, bis ma entweder **alle todt sein**, oder den Feind besiegt, und Tyrol zum **drittenmal frei g'macht haben**! Das ist **mei' Meinung**!!

Alle Uebrigen (stürmisch). Und auch die unsre!!

Haspinger (faltet die Hände). Lieber Herrgott da droben — ich dank Dir, daß Du mich hast die Stund' erleben lassen!! — Was hab ich denn, was ich dem Vaterland opfern könnt? — Ich hab nicht Weib, nicht Kind — nicht Hab' und Gut — bin nur ein armer **Kapuzinermönch**!? Hab nichts als mei' Leben und mei' Blut — aber, **das geb' ich freudig auch für's Landl hin**!! — Und wollt' mich auch der Herr Bischof deßwegen in den Bann thun und meine Seel verdammen, daß sie im ewigen Fegfeuer brennen müßt — — ich glaub' halt — es ist besser: die Seel von einem **armen Kapuziner** brennt und brat' in der Höll, als daß das 's **Landl** daliegt in Schmerzen, mit dem **Brandmal der Sklaverei und der tyrannischen Fremdherrschaft**!! — Ich halts für christlicher — lieber dem **Bischof** ein ungetreuer Sohn zu sein — als untreu zu werden dem **Land und dem Kaiser**!! — Und so soll denn kommen was da will! Ich theil' mit euch Gefahr und Sieg — Noth und Tod — wie's eben

2*

kommt!! — Und jetzt Freunde, thu' Jeder seine Schuldigkeit! Am Berg Isel liegt die Freiheit Tyrols begraben — am Berg Isel wollen wir zusammenkommen — um den Schatz wieder zu heben!!

Alle. So sei's! So will's der liebe Herrgott!!

(Sie reichen sich die Hände.)

Gruppe.

(Musik.)

(Der Vorhang fällt.)

Drittes Bild.

Die Schlacht am Iselberg.

(Großes lebendes Tableaux.)

Viertes Bild.

Festlich geschmücktes Zimmer beim Adlerwirth in Innsbruck. Im Hintergrunde eine Glasthüre, die zu einem Balkon führt. Dahinter, Prospekt einer Straße in Innsbruck. Rechts ein gedeckter Tisch mit Blumen geschmückt.

Erste Scene.

Beim Aufziehen des Vorhanges Jubelrufe aus der Ferne. Geläute aller Glocken.

Wild und Anton Niederkircher.

(Kellner und Dienstmädchen sind beschäftigt das Zimmer mit Blumen zu schmücken.)

Niederkircher (sonntäglich geputzt). Also — er kommt? Mir giebt er die hohe Ehr'? — Hast a richti verstanden, Wild? —

Wild (das Gewehr auf der Schulter, sein Gesicht vom Schweiß trocknend). Freili! Freili! — Geh voraus, Toni — hat er gesagt — und b'stell uns beim Adlerwirth 's Essen! Und sagt dem Nieder=

kircher, er soll mir — wanns leicht sein kann — mei' Leibspeis, Speckknödeln und a weng a G'selchts kochen lassen — weil i ein' soakrischen Appetit hab — hat er g'sagt!

Niederkircher. Warum net gar? Speckknödel und a G'selchts! Für'n siegreichen Obercommandanten von Tyrol!? (Jubel hinter der Scene.) Hörst den Jubel? Die ganze Stadt zieagt eahm entgegen! Und zu oaner solchen Begeisterung — Speckknödel und a G'selchts?! Ah! Nix da! a feine Tafel muaß werd'n, wie'a sich's für ihn schickt! —
(Erneuerter Jubel.)
(Zwei Hausknechte tragen einen großen vergoldeten Doppeladler über die Bühne.)

Niederkircher (zu den Dienern). So, so! G'schwind den Adler aufmachen über's Hausthor! (zu Wild) Sixtas, Toni? Mein Wirthshausschild, den Doppeladler, hab i herunternehmen müassen — d' Franzosen hab'n mir'n verbothen! Aber jetzt — jetzt kommt er wieder auf's Haus — weil der Hofer z' Innsbruck zu befehlen hat!! —

Wild (betrachtet den Adler). Laß mir'n a weng anschau'n! (mit freudigem Ungestüm den Adler umarmend) O mei' lieber soakrischer Schwanz! Gelt? Jetzt san dir die Federn wieder g'wachsen? Mir hab'n di wieder zu Ehr'n bracht! Jetzt kannst di wieder seg'n lassen — und wer koan Respekt vor dir hat, der kriagts mit uns z'thuan!! —
(Die Diener ab mit dem Adler.)
(Erneuerte Jubelrufe und Musik hinter der Scene.)

Wild. Aber — se kimmen schon! Jetzt muaß i mein' Herrn entgegen! (Rennt ab.)

Niederkircher (zu seiner Tochter und anderen Mädchen, die geputzt und mit Sträußen in den Händen eben eintreten). Bist da, Cilli? Seids da?! — Stellts enk unten am Hausthor auf — nur g'schwind! Sie san schon da! G'schwind g'schwind!! (Alle ab.)
(Wiederholtes Hochrufen und Tusch von unten hörbar. Kleine Pause. Hierauf)

Zweite Scene.

Hofer, Speckbacher, Haspinger, Sweth. Alle mit Staub bedeckt, man muß ihnen anmerken, daß sie aus der Schlacht kommen. **Niederkircher** folgt ihnen.

Hofer (freundlich). Na, grüaß di Gott — Niederkircher! Warum schaust mi denn so feierli an? Und warum hast di denn gar so schön aufputzt? Ist doch ka Sunntag heut? —

Niederkircher. A hoher Festtag ist heut, und wird's a für jeden Tyroler bleib'n — denn der große Andreas Hofer hat heut 's Land befreit, und halt' sein' Einzug z' Innsbruck! da d'rum hab i mei schönst's G'wand ang'legt! Es thät si a net schicka, wann i a so daherkommat wia sunst — und 'n Herrn Obercommandanten umarmen wöllt — wiea sunst! —

Hofer. Bist a Narr! Für meine Freund bin und bleib i der einfache Bauer, der Sandwirth Andrä Hofer — wiea sunst und eh! (Er umarmt ihn.)

Niederkircher (gerührt). Alsdann — hast koan Stolz? Und — i kinnt so wie früher mit dir reden? — (fällt ihm um den Hals) I muaß di no amal bußen!! —

Hofer (lachend). Na — meinetwegen! — Aber jetzt, Adlerwirth, führ' uns ins Hinterstüb'l, denn i hab scho' ein' soakrischen Hunger!

Niederkircher. Ins Hinterstübl? Der Himmel b'hüts! No dös wär's Wahre? Da bleibst! — Im schönsten Zimmer — mit'n Altan auf d' Gassen aussi! Sixtas? Da hab i a schon für di und deine Leut aufdecken lassen!!

Hofer. Da soll i bleiben?

Speckbacher (der sich's bequem macht). Ja freili, Anderle! Mußt deiner hohen Würd' Ehre machen.

Hofer. So! — Hätt' mi aber auf's Hinterstübl g'freut, weil ma net so viel Lärm hört von da draußen! — Na — wanns aber net anders sein kann, woll'n ma halt da bleib'n! Aber jetzt gieb was z' Essen her! a paar herzhafte Knödeln — und a Glasel ein guaten Landwein!

Niederkircher. Na na! Dös geht heut net! a prächtig's Essen sollst haben, wiea sich's für dich g'hört! Aber jetzt mach dir's a biß'l bequem! Leg di a weng auf's seidene Kanapee — i geh derweil in die Kuchel und bring nacha 's Essen! denn — die Ehr' laß ich mir net nehmen — daß ich selber meine ehrenvollen Gäst bedien' — und ihnen anstrag!

Haspinger (zieht seine schweren Lederschuhe im Hintergrunde aus, und ein paar gestickte Pantoffel, die dort stehn, an). Sixt, Adlerwirth — i thua schon wie du sagst! Ah — das thut wohl? (geht zum Tisch und schenkt sich Wein ein) So gut ist 's mir schon lang nit gangen!!

Hofer. Ja — aber eh 's Essen kommt muaß i auf meine Schimmel schau'n! Adlerwirth — hast die Schimmel g'sehn? das ist mei' Kriegsbeut' die i g'macht hab! Habs ein' französischen Obersten abgenommen, der heut Früh über 'n Brenner reterirt ist! — Jetzt muaß i ihna aber a Futter geben! (Will ab.)

Niederkircher (hält ihn). Was net no?! Bist ja heut nimmer der Pferdhändler und Sandwirth — Bist ja der Ober= commandant von Tyrol! Das ist ein anders Numero!!

Hofer (seufzend). 'S ist wahr! I hab d'rauf vergessen! Na — so sei halt so guat und schau du auf die Roß!!

Niederkircher. Verlaß dich auf mi — Obercom= mandant. (Ab.)

(Geschrei und Spektakel von der Gasse.)

Hofer (hinunter sehend). Was giebts denn da? (erschrickt) O du mein Gott — da bringens die G'fangenen vorbei? — Geh, Cajetan! G'schwind lauf hinunter, auf meinen Befehl sagst unsern Leuten, daß sie hübsch menschli, und erbarmungsvoll mit die G'fangenen umgehen sollen! Hörst? — Sie sollen bedenken, daß unter ihnen deutsche Brüader, die oan Sprach' mit uns reden, und sonst ganz brave Leut san! Lauf g'schwind, Cajetan! (Schiebt ihn hinaus.)

Sweth (ab).

Speckbacher (der sich's bequem machte, und die ganze Zeit über am Fenster stand und hinabsah). Na jetzt — brave Leut san's just net — sonst wär'ns net gegen uns so soafrisch barbarisch umgangen! Na Anderle! Brave Leut san's net!!

Hofer (zu Haspinger). Bruder Joachim! Solltest doch schau'n, daß d' unsern Seppel a bißl ins G'wissen redtst, damit er thut, wie's der Heiland befohlen hat — und seinen Feinden verzeiht!? — Der Seppel ist a lieaber, g'scheidter, muathiger Mann — aber — schaden kunnts eahm do net — wann er a wengl a besserer Christ wär!

Haspinger (trinkt ein Glas Wein aus). Ja — mei' lieber Anderl! Wann wir in den letzten Tagen nur gute Christen g'wesen wären — sag selber — da wär's uns herzlich schlecht gangen!! So lang man Soldat ist, und im Krieg, kann man mit dem besten Willen ka guter Christ sein — und ich dank dem lieben Herrgott, daß wir uns g'schlagen haben, wie recht grobe Heiden!! — Aber, wann der Feind erst aus'm Land, und der Friede wieder im Land ist — dann will ich wieder a frommer Kapuziner werden, und dem lieben tapferen Seppel Speckbacher da ins G'wissen reden, daß er auch a so a frommer Christ wird — wie's unser Andreas Hofer ist!

Rufe von Unten. Vivat, Andreas Hofer! — Vivat, unser Obercommandant! Andreas Hofer, komm heraus! Vivat! Vivat, der Befreier von Tyrol!!

Hofer (kleinlaut). Was woll'ns denn von mir?

Speckbacher. Es hilft Alles nix, Anderl! Du muaßt 'naus auf d'Altana! Das Volk schreit vor Lieab und Begeisterung!

Haspinger. Sie werd'n net eher ruhig sein, als bist du dich zeigst, und ihnen a Red' g'halten hast!

Speckbacher (ironisch lächelnd). Ja — dös wird scho' nix helfen? Also — geh auffi, Freund — und red a Red'!!

Hofer. Muaß i?

Haspinger (sich behaglich auf dem Sofa streckend). Ja, freilich! Das Volk will seinen Liebling seng'n — und es wär halt do un=dankbar mein' i — wann du seine Lieb' net annehmen wolltest?

Speckbacher. Ja — Anderl —! Dös muaßt schon thuan!

Hofer (seufzend). Na — in Gottesnamen denn!! (Er geht auf den Balkon hinaus.)

Stürmische Rufe. Vivat, Andreas Hofer! Vivat, der Be=freier von Tyrol! Vivat, der Retter des Vaterlandes!!

Hofer (schlicht und ruhig, mit tiefer Empfindung). Na — so grüaß enk halt Gott, meine lieaben Innsbrucker!

Rufe. Vivat!

Hofer. Weil ös mi durchaus zum Obercommandanten haben wöllts, so bin i halt da! Es san aber mit mir noch Andere da, die a Obercommandanten sein könnten! — Und so mein' i halt — Diejenigen — die meine Waffenbrüader sein wöll'n — die müaß'n für Gott, Koaser und Vaterland streiten! Die das aber net thuan woll'n — die soll'n nur glei' lieaber hoam gehn! — Meine braven Waffenbrüader werd'n mi net verlassen, dös woas i g'wiß — aber dafür wir i enk a net verlassen — g'wiß net — so wahr i Andrä Hofer hoaß!!

Rufe. Vivat!

Hofer. So. — G'sagt hab i enk's! G'seng'n habts mi a! Und jetz b'hüat enk halt Gott! (Er tritt zurück.)

Rufe. Vivat! Andreas Hofer! Vivat!

Speckbacher. Haft brav und schön g'redt! Anderl!

Haspinger. Man hat's g'merkt, daß dei' Red' aus'm Herzen kommen ist!!

Niederkircher (mit der Suppenschüssel, Sweth folgt). Die Suppen ist da, Herr Obercommandant!!

Hofer. Gott sei Dank! Alsdann setzen ma uns! — Aber, z'erst — (zieht einen Rosenkranz hervor und spricht leise ein Gebet. Die Uebrigen desgleichen) So. — Und jetzt woll'n ma uns es schmecken lassen! (er zieht seinen Rock aus und setzt sich) Schau, schau! Der Niederkircher hat halt do no mei' Leibspeis' machen lassen! — Das san ja do Speckknödeln?!

Niederkircher (die Suppe vertheilend). Ja! Aber von ein' feinern Mehl! Und der Speck der d'rinn ist, der ist von ein Millifadl! So g'hört sich's für'n Obercommandanten von Tyrol!?

Hofer. Ah — wie das guat riecht! Dös wird jetzt schmecken! — Und setz di da her, Adlerwirth, und iß mit uns!

Niederkircher. Ah! Wo that sich denn so was schicken?!

Hofer. Wenn du's net thust — so iß i gar nix!

Speckbacher. Setz' di nieder — sonst lauf' i a fort — wannst solche Flausen machst!

Haspinger (essend). Ah na! Ich bleib scho' sitzen! Aber i sag' dem Adlerwirth mei' Freundschaft auf, wann er sich net glei' niedersetzt, und noch länger dem Anderle sei' Suppen kalt werden laßt!!

Niederkircher (setzt sich schnell). I sitz' schon! (ruft) Cilli! (Cilli kommt) Schau du hinunter! Und daß Alles in der Ordnung ist, hörst?

Cilli. Ja, Herr Vater! (Ab.)

Jubel von Unten. Vivat! Der Befreier des Vaterlandes!

Hofer (der kaum den Löffel zum Munde geführt hatte, trostlos). I glaub gar — sie rufen mi schon wieder?! —

Starke Rufe. Vivat! Der Commandant von Tyrol!

Hofer. Heilige Muatter Gottes —! Dö brüll'n ja, als ob das Haus einstürzen sollt?! —

Niederkircher (der hinab gesehn). Es san die Studenten von der hiesigen Hochschul, die dich sehn wollen! —

Hofer (etwas desparat). Aber warum denn g'rad immer mich? Warum denn nit den Speckbacher, oder den Kapuziner? Die hab'n ja g'rad so viel gethan, als wie ich?! —

Haspinger (vergnügt essend). Ja — dafür bist du halt der Liebling des Volkes!

Speckbacher (ebenso). Und muaßt wieder a Red' halten, a schöne, Vater Anderle!! —

Rufe. Vivat! Andreas Hofer!! —

Haspinger. Horch! Da brüllens schon wieder dein' Nam'!

Hofer. Es ist wahr — grauslich g'sunde Lungen hab'n die lieb'n Buab'n! — (Er zieht seinen Rock an.) Na denn in Gottesnamen! Mach auf, Niederkircher, i muaß wirkli wieder auf d' Altana aussi!

Niederkircher (reißt die Balkonthüre auf). Und wieder a so a schöne Red' halten wie früher! —

Hofer (tritt hinaus).

Unermeßlicher Jubel. Vivat! Andreas Hofer! Vivat, der Befreier Tyrols!!

Hofer (hinunterjprechend). Alsdann, Leutln — was wöllts von mir?

Die Stimme des Seniors. Andreas Hofer! Geliebter, gefeierter Held! Die Herzen sind der Liebe und des Lobes voll, und auch die Lippen möchten davon überfließen! Erlaubt uns also, großer Mann, daß wir euch ein Lied singen von euren Heldenthaten! Wir Studenten haben es gedichtet, und die Liebe zu euch gab uns die schönste Musik dazu!! —

Hofer. Na na, meine lieaben Kinder! Des seids im Irrthum! Weder i noch die Andern haben Tyrol befreit — der da Oben hat's gethan!! — Darum laßts das Singen mir zu Ehren — sondern bringts euer Dankgebet Demjenigen, der uns Allen geholfen hat! Net mit lustigen Herzen bin i auszog'n in Kampf und Streit — sondern mit Sorg' und Kummer! Es war a harte, traurige Arbeit, und viel tapf're Landsleut hab'ns mit ihrem Leb'n bezahlen müassen!! — Gehts jetzt ruahig z'Haus, und bet's zu unserm lieben Heiland, daß er uns auch ferner beschützen und uns das Landl erhalten mag! — So. — Dös hab i enk nur sagen wöll'n! Und jetzt b'hüat enk Gott, und schön Dank für eure Lieab!! —

Rufe (erst stark, dann nach und nach verhallend). Vivat! Der Vater des Volkes! Vivat! Andreas Hofer! Vivat! Vivat! —

Hofer (sieht ihnen nach). Es san liwabe herzige Kernbuben, die Studenten! (kommt vor) Na — jetzt denk i werd'n mir endlich Ruah haben, und unser Essen friedlich verzehren könna! (Er zieht seinen Rock aus und setzt sich.)

Cilli (hereinstürzend, hinter ihr zwei Mägde mit vollen Schüsseln, die sie auf den Tisch stellen). Vata! Vata! Der Bürgermoasta kimmt und a Menge aufputzte Herrn!

Hofer (den Löffel sinken lassend). Ja — was ist's denn scho' wieder?

Cilli. Mit enk wöll'n's reden, Herr Obercommandant! Woll'n enk d'Aufwarting machen!

Hofer. O du mein Gott! I sieach scho', mit'n Essen wird's heut nimmer was?! — Wann i nur wußt, was sie von mir woll'n? — Geh, gieb ma mei' Joppen, Adlerwirth — und laß' halt in Gott'snam' herein! —

Niederkircher (sieht zur Thür hinaus). Ui! Das san ihrer viel!

Hofer (zu Speckbacher und Haspinger). Dösmal müßts ös enk neben meiner hinstellen! Z'letzt glaub'n's leicht gar, i möcht alle Ehr für mi alloan verschlucken! — Da stellts enk her — und so wöll'n ma's empfangen!! —

Dritte Scene.

Vorige. Der **Bürgermeister** in seiner Amtstracht, von mehreren Räthen umgeben; ferner: **Wallner, Stoß, Huber, die beiden Nessing**, und viele Andere, alle mit Blumensträußen geschmückt.

Alle. Vivat, Andreas Hofer! Der Befreier Tyrols!

Bürgermeister (feierlich). Wir kommen, um euch zu danken für die Heldenthaten, die ihr vollbracht, und dich, Andreas Hofer, zu bitten — noch mehr für uns und unser Land zu thun!

Hofer. Redts nur! Was verlangts von mir?

Bürgermeister. Die bayrische Hofcommission, so wie der Stellvertreter des Königs, Graf Rechberg, — sind bei Nacht und Nebel aus Innsbruck geflohen! Du hast uns befreit vom drückenden Joche dieser Fremdherrschaft! Aber wir bedürfen eines Stellvertreters des Kaisers jetzt, in dessen Hände alle Macht des Landes zusammen fließt, und der sollst du sein, Andreas Hofer! — Dich wählen die Behörden, wählt das Volk von Innsbruck zum Statthalter des Kaisers! Du sollst in seinem Namen das Land verwalten, und dir wollen wir Alle Gehorsam und Treue schwören!! —

Stoß (vortretend). So ist's! Weil der Koaser jetzt für uns koa Zeit hat, sollst du derweil unser Landl regieren! Dir woll'n ma g'horsam sein, und dei' Will'n soll gelten im ganzen Tyrol!! —

Wallner. Ja, so soll's sein! Und da d'rum sam ma herkumma, deine Hauptleut, um dich im Triumph ins Kaiserschloß am Rennplatz zu begleiten! —

Stoß. Richti! Denn als Stellvertreter des Koasers muaßt a im koaserlichen G'schloß logiern!

Hofer (erschricht). Das geht net an! Wie könnt' i mi wohl erdreisten, im Schloß meines Herrn und Koasers z'hausen? Na na! Das geht nit — und das kann i net thuan!

Haspinger. Du mußt es thun, Anderle! Nicht aus Hochmuth sollst im Kaiserschloß wohnen — sondern dem Volk, das dich verehrt, zur Beruhigung — daß es nicht herrenlos und verlassen ist! — Es muß Einer an der Spitze stehn, zu dem Alles Vertrauen hat — und der Eine bist amal du! Das Volk und die Behörden bitten dich d'rum — Gott aber befiehlt es dir, durch meinen Mund!! —

Hofer (in frommer Ergebung). So will ich denn freudig thuan — was er befiehlt! — Mei' Leb'n steht in Gotteshand, und was i bin und vermag, g'hört dem Koaser und dem Landl!

Alle. Hoch der Statthalter von Tyrol!

Bürgermeister. Im feierlichen Zuge wollen wir jetzt unsern Statthalter und Obercommandanten nach der Kaiserburg geleiten!

Alle. Auf, zur Kaiserburg!

Hofer. Jetzt glei? (blinzelt nach der besetzten Tafel) Du wirst mir's net verübeln, lieber Burgermoasta, wann i a bißl später nachkomm! Woaßt — i und meine Hauptleut, hab'n seit dreißig Stunden no koa Zeit g'habt eppas z'essen, und mi hungert ganz erschreckli! — Geh du mit deine Schwarzröck nur voraus — i kumm dir mit meine Leut später scho' nache! — Sei ma net hoab deßwegen, aber woaßt — der Magen vom neuchen Statthalter knurrt grad a so, wann er nix z'essen kriegt — als wiea der Magen vom ehemaligen Sandwirth!! — (Schüttelt ihm derb die Hand.) Na, nix für ungut — und b'hüt Gott derweil! — (wendet sich) Und ös, setzts enk her da zu mir! — Adlerwirth! Jetzt trag auf! Jetzt woll'n ma uns aber 's Essen endli schmecka lassen!

(Bürgermeister mit Rathsherrn ab. Alle Uebrigen bleiben.)

Hofer (setzt sich). Daß d'mer jetzt Niemanden mehr eina laßt — hörst — das rath i dir! —
Niederkircher. G'wiß net! Und wanns di zum Papst ausrnafen wöll'n — i schlag ihna die Thür vor der Nasen zua!
Alle (lachen, und haben die Gläser ergriffen).
Stoß. Hoch! Unser Anderle!
Alle. Vivat!
(Alle umringen Hofer und stoßen mit ihm an.)

G r u p p e.

(Musik.)

(D e r V o r h a n g f ä l l t.)

Fünftes Bild.

Saal im Kaiserschlosse zu Innsbruck. Im Hintergrunde eine Vorhalle, wo Tyroler Bauern in Hemdärmeln Schildwache halten.

Erste Scene.

Hofer, Sweth, Wallner und Stoß (alle von rechts auftretend); später Niederkircher.

Hofer (im Auftreten). Na na! Nix da! I hab den schweren Posten net übernommen, um den großen Herrn zu spiel'n und mein' Leib z'mästen! (ruft hinaus) He! Hiesel! (Ein Bauer tritt herein.) Sei so guat und spring übri zum Adlerwirth, er soll a weng herkommen zu mir! (Bauer ab.) Net zum Prunk und zur Hoffarth bin i Statthalter 'worn — sondern ums Landl dem Koaser aufz'heben!

Wallner. Aber a weng solltest halt do nach auswendi dir ein' Glanz verleihe!? —

Hofer. Na na! I bin a schlichter Bauer, und will net leben als wie a großer Herr! A so a Fruhstuck, wie's ma's da auftrag'n haben, dös kostet ja wenigstens — ein' Gulden! Da kunnt ma weit kumma! — Mir brauchen jeden Kreuzer für die Pfleg' uns'rer Verwundeten! Die müssen gut besorgt werden, daß kan Mangel leiden! — I bin g'wohnt zum Fruhstuck a Butterbrod und a Stückl ein Schafkäs z'essen, und wüßt net, warum ich 's jetzt bleiben lassen sollt! Auch mein Mittagessen soll einfach sein! Die vornehme Esserei schmeckt ma net amol!?

Niederkircher (wird sichtbar).

Hofer. Ah! — bist da, Adlerwirth? — Geh eina! —

Niederkircher. Was befiehlst von mir, Herr Statthalter von Tyrol?

Hofer. I frag di, ob du mei' Verpflegung übernehma willst?

Niederkircher. Du fragst? — Mei' Stolz soll's sein, wann i di bedienen darf! — Glei' wir i selba umanander gehn, und schau'n, was i Fein's und Guat's auftreiben kann — und nachdem wir i dir 's Speiszettel herbringen! (Will schnell fort.)

Hofer (hält ihn). Na na! Bleib' nur da! I brauch nix Fein's und ka Speiszettel a net, a bürgerliche Hausmannskost richt' her, für mi und meine Freund! Sag' — was hab' i denn zahlt für's Mittagessen — ehender — wann i bei dir einkehrt bin?

Niederkircher (gedehnt). Ehender? Ja — ehender!? da hast halt zahlt — so a — 24 Kreuzer!!

Hofer. Guat! — Sollst jetzt 30 Kreuzer hab'n für's B'steck! Sechs Personen san ma — sollst 6 mal 30 Kreuzer haben — aber — da muaß reichli sein! — Wein brauchst koan z'schicken, den laß i mir von z' Haus kumma! — Aber — damit 's kan Irrthum gibt, schickst alle Tag in der Fruah 'n Conto her — verstehst? —

Niederkircher. Ja! Ja!

Hofer. So. — Jetzt kannst scho' wieder gehn — denn i hab no viel z' thun heut! —

Niederkircher. I' geh schon! (bei Seite) Ein' halben Gulden für'n Statthalter sei' Mittagessen? — Alles was recht ist — aber um den Preis hat no Koaner 's Regieren übernumma! (Läuft ab.)

Wallner. Hast no immer koa Nachricht vom Koafer?

Hofer. Na, no net! Hab' die Zwoa, den Eisenstecken und den Sieberer, vor sechs Wochen schon fortg'schickt! Dö Soakra kunnten schon wirkli z'ruck sei! —

Stoß. Neugieri bin i, was er dir sagen laßt!

Hofer. Der Koaser hat jetzt koa Zeit — muß d'ran denken sei' Armee wieder schlachtbereit z'machen! Mit den Monat geht der Waffenstillstand z'End — und nocha natürli, gehts im Oesterreichischen a wieder los; denn, der Bonaparte giebt ehender koan Ruah, als bis er ganz zertreten is! den kenn i! —

Zweite Scene.

<small>Die Vorigen, ohne Niederkircher. Kolb mit einem Brief.</small>

Hofer. Was bringst?

Kolb. Vom Rothbart den Brief — er is von Sillian!

Hofer (erbricht ihn). Wart a weng! (Er liest.)

Stoß. Ist denn der Haspinger in Sillian jetzt?

Kolb. Vorgestern ist er kommen, mit 500 Schützen! Der Speckbacher will über's Thörl zu uns übri — denn 's geht scho' wieder los bei uns! —

Wallner und **Stoß.** Was d' sagst? —

Hofer (der gelesen). Ja ja, es ist richti! — Sie haben bei Niederndorf a G'fecht g'habt, und die Bayern bis Brunecken trieb'n! I soll mei Hauptquartier nach Steinach verlegen, weil der Speckbacher über'n Jaufen d' Franzosen im Rucken packen, und über Sterzing im Brenner Engpaß einquetschen will!! — (Pause.) Aber — da unten in dem Brief steht was — was i lieber net g'lesen haben möcht?! — Kann a nur vom Bruder Rothbart a derber G'spaß sein!! —

Wallner und **Stoß.** Was schreibt er denn?

Hofer. Er hätt von ein' Geistlichen in Seben g'hört, daß —

Wallner und **Stoß.** Was denn?

Hofer. Daß der Koaser mit 'n Bonaparte Frieden machen will!! —

Wallner, Stoß und **Sweth.** Das ist net mögli!! —

Hofer (rasch). Recht habts! Es ist nit mögli!! — Und weil's nit mögli is — will i a net mehr d'ran denken! — (zu Kolb) Ruah di aus a wenig — nocha kriegst bei' Antwort mit! B'hüt Gott! (Kolb ab.) Und du, Cajetan, setzt ein' Befehl auf — an alle streitbaren Männer im Ober= und Unterinnthal, daß sie sich in Bereitschaft z'halten haben! Außerdem vermeldest

meinen Hauptleuten, daß in drei Tagen in Steinach mei' Haupt=
quartier ist! — Geh glei, und komm nacha wieder her! —
(Sweth ab.) — Der Koaser — Frieden machen — mit sein'
Todfeind?! — Eher will i glauben der **Großglockner** steht
am **Kopf**! Haha! —

Wild (tritt ein). Vater Anderle — was Freudigs bring i'?!
Hofer. Was denn, Toni?
Wild. Der Eisenstecken und der Sieberer stengan draußten —
sie lassen fragen ob's dir angenehm wäre — wenn's einikemman —
weil's a **Botschafting** bringen vom Koaser! Und nocha,
no eppas für di — zum **umhängen**!! Hihi. (Freudig lachend.)
Hofer. Laß' eina, Tonel, g'schwind!
Wild. Ja, ja! (läuft hin und ruft hinaus) Manner! Es söllts
nur einikemma, zum Statthalter Hofer!! —

Dritte Scene.

Vorige. **Eisenstecken** und **Sieberer**, mit Staub bedeckt, den Zwergsack am Rücken,
mit Bergstöcken in den Händen.

Hofer (reicht ihnen die Hände). Na — so grüaß enk halt Gott!
Lang gnua war's aus — dös muaß i sagen!
Eisenstecken. Vor drei Wochen san wir scho' fort vom
kaiserlichen Hoflager aus Ungarn! Aber wir haben müassen unser
Wanderung über's höchste Gebirg nehmen — weil alle Weg' und
Steg' b'setzt san von die verteufelten Franzosen! —
Hofer. Weil's nur glückli wieder hoam komma seids! —
Bringts was Guats?
Eisenstecken. Freili!? — Ein' schön Gruaß richten ma
dir aus, vom Koaser! Er laßt si bei dir recht schön bedanken,
und a bei die Andern! Und dir laßt er extra sagen: Du sollst
nur der Hofer **bleiben** — der 'st immer warst — nocha
wird schon Alles guat gehn!
Sieberer (überreicht ein Etui). Und da schickt er dir zum
Andenken die goldene Ketten mit sein' Bildnuß! dös sollst alla=
weil tragen, zum Zoachen, daßt di der Koaser gern hat, und di
und 's Landl net vergessen wird!! —
Eisenstecken (überreicht eine Schatulle). Und in dera Schachtel
da san 3000 Dukaten — mehr kann er dir derweil net schicken —

weil er für sei' Armee zu viel braucht — hat er g'sagt! Und du sollst di nur tapfer halten, und streiten für die guate Sach' — wie allaweil!

Sieberer. Und nocha hat er uns noch allen Zwoan die Händ druckt, und g'sagt: Du hätt'st eahm mit deiner Treu' und Anhänglichkeit die größt' Freud g'macht, und der Zahltag wird scho' kimma, wo er dir's wird vergelten kinna! Und dabei san eahm die Thränen in den Augen g'standen! —

Hofer (ergriffen). Der guate Koaser Franzel! — Und da will Daner käma und sagen, er will Frieden machen mit'n Bonaparte? So a schändliche Lug! Habts ös was g'hört? —

Eisenstecken. Warum net gar! Net a Wort!

Sieberer. Mir san freili schon vor **drei Wochen** fort vom Koaser!

Hofer. Hätt er net anders zu enk g'sprochen, wann er so was im Sinn hätt'? — A elende Lug ist's! Aber i woaß scho'! Damit wöll'n mi die Boarnfexen fangen! Se schneiden sich g'waltig, wanns glauben der Andrä Hofer geht ihnen auf'n Leim?! — Nix da! Das Geld wird auf Munition und Stutzen verwendet! — Wallner, nimm's in Verwahrung! (Giebt ihm die Schatulle mit den Dukaten.) Und die Auszeichnung — mit sein lieben Bildel — trag' i von heut an auf der Brust — so wie er's befohlen hat! — Und jetzt gehts, meine lieaben Abg'sandten! — Ruahts enk aus, und um zwölf Uhr kimmts zum Essen her! Tonel! Lauf g'schwind übri zum Adlerwirth, er soll um zwei B'steck mehr herrichten für z' Mittag! B'hüt enk Gott derweil! —

(Eisenstecken, Sieberer und Wild ab.)

Vierte Scene.
Vorige. Sweth.

Sweth (kommt mit drei Schreiben). Da bring' i die Brief an Speckbacher und Haspinger, sowie den Befehl an die Hauptleut'! —

Hofer. Gieb her, daß ich's unterschreib! (während er unterzeichnet) Du, Cajetan! Ist net schon Zeit zu der Audienz?

Sweth. Ja freili — is eh schon Zehne vorbei! —

Hofer. Ja — warum sagst denn nix? —

Sweth. J hab mir denkt, weilst z'thuan hast — sie soll'n **warten bist fertig bist**!? —

Hofer. Ah na, lieber Freund! Die armen Leut' müaſſen immer z'erſt kemma! Verſäumen z'viel Zeit daham, mit den Ummaſtehn!! — Laß' eina! Laß' eina, Cajetan!

Fünfte Scene.

<small>**Sweth** geht in den Hintergrund, und giebt ein Zeichen, worauf **Wild** an der Spitze einer Schaar Bittſteller — Männer und Frauen, unter welchen ſich **Petſch** und **Marie Pichler** befinden — erſcheint.</small>

Wild (die Eintretenden wehrend). Nur immer langſam, Lands=leut! Net z'gach! Nocha — müaßts net alle z'gleich reden — hübſch Oaner nach dem Andern! —

Hofer. Na Landsleut — was wollts von mir?

Alle (ſtrecken die Hände mit den Bittſchriften Hofern entgegen und wollen zugleich auf ihn losſtürzen).

Wild. Halt! — — Hab i net g'ſagt Oans nach dem Andern? — Da müaßt Oaner ja ein' Schädel haben wie a Einerfaßel, wann er Alle z'gleich anhören wöllt?! —

Hofer. Ereifer' di net, Wild! — Laßts ma den alten Mann dort fira — er kann net ſo lang ſtehn! —

(Alles macht Platz — Petſch tritt vor.)

Petſch (80 Jahre alt, im freundlich zufriedenen Tone ohne zu jammern). Mit Verlaubnuß!?

Hofer (gütig). Was willſt, mei Alterl? Red'!

Petſch. Ja? — Was wir i wöll'n?! — Betteln kimm i halt zu dir! Gern thua ich's net — aber — i muaß! — Bin aus 'm Zillerthal — der Speckbacher kennt' mi eh, weil eahm bei mir verſteckt g'habt hab, wiea a d'Franzoſen nache ſan, von Kufſtein übri! — Ja! — Na — i hätt' a Häuſel g'habt und zwoa Küah; — vor acht Tägen ſan d'Franzoſen kemma und hab'n ma mei Keuſch'n abrennt, und 's Viech mit= g'numma! — Jetzt woaß i halt nimma, was ma anfanga ſöll'n — i und mei' Wei' — die a ſcho' alt is, a Stuck a Siebzgi! — Ja — wann mei Hanns no lebat! — Aber — der iſt halt a derſchoßen wor'n — wiea ſo viel Anderne — damals wiea's g'raſſt habts am Sterzinger Moos! Ja. — Na — und da hab' i di halt jetzt frag'n wöll'n — ob du net vielleicht a klans Amtel — oder ſunſt was woaßt — damit ma uns, was zum Leben nothwendi is — wann a no ſo weng — verdiena kunnten!? Mir ſan z' Fuaß her zu dir — aber mei' Wei' wart unten in der Wachtstub'n — sie hat die Stieag'n net mehr derkrall'n kinna — und is ma z'sammg'stürzt! — Ja. — Na, was moanst denn a so — Statthalter=Sandwirth! Kinnt ma eppa do was derhoffa?! —

Hofer (trocknet sich die Augen). Mei' lieber alter Mann! Wann i dir nur auch so helfen könnt — wie i gern möcht! — Toni —

Wild (tritt vor). Was befiehlst?

Hofer. Den Mann und sei' Weib führst übri zum Adler= wirth, er soll's ordentli verpfleg'n! (zu Petsch) Und wann's enk a zwoa a drei Täg ausg'rast habts, wird enk mei' Knecht übri führ'n — ins Passeyr, zu mein' Weib am Sand! Dort könnts bleiben all' zwoa, so lang, bis der guate Koaser Franzl Zeit haben wird, für enk was z'thoan! Derweil laßts enk halt guat g'schjeg'n in mein' Haus!! —

Petsch (in Thränen ausbrechend). Ja — wiea is ma denn? — Du red'st ja so guat, so freundli — und sorgst für uns — wie a Vota für seine Kinder?!

Hofer. I thua nur mei Menschenpflicht! — Und jetzt geh' und g'seng dir's Gott!

Petsch (ihm zärtlich die Hände streichelnd). Vergelt' dir's der Hei= land! Du guater Vater Hofer! Vergelt' dir's der Heiland! (Ab mit Wild.)

Hofer (wendet sich und sieht Marie Pichler). Ja — da ist ja die Pichler=Marie?! Richti, sie ist's! — Das tapferste Tyroler= weibel im ganzen Land! — Geh, komm fira! (nimmt sie an der Hand) Was führt di denn her zu mir?

Pichler (mit gesenktem Blick). Gott grüaßt di, lieber Vater Hofer!

Hofer. Du laßt 's Köpferl hängen? Was ist denn g'schehn?

Pichler. I bin gar trauri und unglückli, und du alloan, allmächtiger Statthalter von Tyrol, glau' i, kannst ma helfen!

Hofer. Red' g'schwind! Was kann i für dich thun? Bin dir ja eh no die Belohnung schuldi — für dei' Heldenthat in der Klamm bei Sterzing, damals! — (rasch und feurig erzählend) Laßts enk derzählen! — Da schauts enks an, das herzige Weibel, hat mehr Courage als mancher Mann! — In der Schlucht war's — eh' ma nach Sterzing kommt — von Gosensas herunter! Der Oberst Bärenklau von die Bayern hat rechts und links auf der Höh' zwoa Kanonen aufführen

laſſen, und d'rauß mit Kartätſchen die Unſern wie mit
Senſen niederg'macht! — Troſtloß ſicach i den Maſſakre,
und bitt unſern Herrgott, daß er mir a Mittel zoagt durch die
Klamm zu kommen! Auf amol derſicach i hinter uns auf oaner
Wieſen zwoa hochaufg'lad'ne Heuwagen ſtehn! Das Mittel
war g'funden! — Schnell gieb i Befehl, aus die nächſten Bauern=
höf' die Beſpannung z'holen, und während dem kommt die Pichler=
Marie, mit a Paar Verwundete am Verbandplatz an! —
Weiberl — ſag i zu ihr — haſt Couragi? Schau — die
zwoa Heuwagen dort ſan unſer' Rettung! Sie müſſen von
Weibsbildern durch den Hohlweg hing'führt werd'n — g'rad'
auf den Feind los — dahinter verſtecken ſich unſ're beſten
Schützen und putzen, wanns nah' g'nug ſan — die Kanonier
weg! — Willſt d' Erſte ſein? Willſt 's Leben riskiren für's
Landl? — Statt aller Antwort druckt's mer d' Hand, und rennt
hinunter über's G'röll wie a Gams! Der oane Wagen iſt ſcho'
aug'ſpannt, mit zwoa prächtige Stier! Sie greift nach der
Peitſchen — und lenkt den erſten Wagen in den Hohlweg ein
— d'rauf folgt der zweite — den hat die Zorn=Anna g'führt!
— Wiea die Kanonier die zwoa Heuwagen, von junge Weibs=
bilder g'führt daherkomma ſeng'n — hör'ns von Schieaßen auf,
und moanen, wir wär'n reterirt — derweil kommen unſere
Schützen, hinter die Heufeſtungen verſchanzt, immer näher!
— Jetzt nimmt Jeder ſeinen Mann auf's Korn — von allen
Seiten kracht's — die Kanonier fallen — und wir kommen
richtig durch die Schlucht — und noch zur rechten Zeit dem
Speckbacher z' Hilf! An dem Sieg gebührt ihr der Haupt=
antheil! Das Heldenfrauerl ſoll leben! Vivat!!

Alle. Vivat!

Pichler (leiſe). Geh mach net, daß i mi ſchama muaß,
Vater Hofer! Hitzt komm i di um was z'bitten, was net alle
Leut z'wiſſen brauchen — ſo wie a die G'ſchicht, die'ſt jetzt er=
zählt haſt von mir! —

Hofer (leiſe). Eppa gar wieder was wegen dein Mann?

Pichler. Ja, freili!

Hofer (wendet ſich zu den Uebrigen). Liebe Landsleut! Gebts enkera
G'ſuch nur mein Schreiber — und morgen Fruah kommts wieder
her — da kriegts d' Antwort d'rauf! — B'hüt enk Gott! —

(Sweth nimmt die Bittſchriften. Alle ab, bis auf: **Hofer, Pichler, Sweth, Stoß
und Wallner**. Den Hintergrund ſchließt ein Vorhang jetzt ab.)

Hofer. Jetzt red', was ist's mit dem Hallodri?

Pichler. A Elend ist's mit eahm! Derweil ma z' Innsbruck san, kommt er koan Tag vor der sinkenden Nacht z' Haus! I woa's net — hab' i an Mann — oder hab' i koan?! —

Hofer. Ah geh weiter! A so a sauber z'sammg'statzts Weiberl thät er vernachlässigen? Dös kann i scho' glei net glaub'n! —

Pichler. G'wiß ist's wahr, Vater! — Und gestern gar — gestern —

Hofer. Na —?

Pichler. Gestern hat er mir gar mit S ch l ä g' droht!

Hofer. Der schlechte Mann! Warum denn?

Pichler. Weil i d' Hausthür zuag'schlossen hab — und hab'n net fortlass'n woll'n!

Hofer. Ah so?

Pichler. Er soll net ohne meiner ausgehn! Du woaßt, Vater Hofer, mei Toni ist a s a u b r e r Mann, gelt? — Und in seiner neuchen Tracht sieacht er no viel säubriger aus, so, daß alle h ü b s ch e n Weibsbilder z' Innsbruck die S ch ä d e l n bei die Fenster aussistecken — wann er über die Gassen geht! —

Hofer (lächelnd). Dös macht ja nix. Wann' dei' Mann nur net nach i h n a schaut.

Pichler (schnell). Ja — dös thuat er aber — dös ist ja eben mei' Unglück! — (langsamer) Er geht jetzt alle Tag in die Komöde — ins Theater wiea ses hoaßen — und da schaut er's an — nach allen Seiten, und thuat ihna vielleicht a no schön — hoamli! — (weinend) Er hat mi nimmermehr gern, und i hab'n doch so herzli lieab, mehr als mei' Leb'n! Und i möcht i m m e r um eahm sein, und eahm n i e verlossen!! (trocknet sich schnell die Augen) Aber — er sagt — dös ist eahm z' unbequem — und i machet eahm lächerli vor die Leut — und er mag net immer mit sein' Weib aufzieg'n, wie a Sträfling mit sein' G'fangenwärter!! Und er will nix z'thoan haben mit oaner eifersüchtigen Gretl wiea i bin — moant er! —

Hofer. Na — jetzt woaßt, a bißl glaub i schon hat er a Recht! Denn — eifersüchti glaub i schon, daß d' bist. —

Pichler. Aber, soll i denn nit eifersüchti sei' — wann i sieach, wiea 'n die Weiber v e r f ü h r 'n und von mir abwendi machen wöll'n? —— Schau nur amal eini ins Theater, Vater Hofer, — da wirst deine blauen Wunder seng'n?! Wie's da sitzen — die aufputzten Damen — und ehnera nacketen Arm und bloßen Schultern herzoag'n?! — Schau nur eini, da wirst spitzen!

Hofer. Was? Ist das wahr, daß z' Innsbruck die Weibsbilder sich so vor aller Welt herzoag'n?

Pichler. Ja! G'wiß und wahrhafti! Das ist d'neucheste Mod' — die d'Franzosen daherbracht haben! Und hauptsächli die Mod' ist schuld d'ran, daß mei' herzlieaba Mann mi jetzt nimmermehr gern hat! — Sie hab'n mir mein' Toni verführt (weinend) mit ehnerar nacketen Herrlichkeit! O du mein Gott! O du mein Gott!! — (trocknet sich wieder schnell die Augen) Und denk dir nur, Vater Hofer! Er hat schon von mir verlangt, i soll die neuche Mod' mitmachen — und a a so dahergehn! Ja?? —

Hofer (empört). Dös wirst do net thuan?! —

Pichler. Net um a G'schloß! —

Hofer. Hast Recht! das ist a unchristliche, a schamlose Mod' — die ein ehrbares Weibsbild gar net annehmen muaß! — Aber — richti — jetzt fallt's mir ein, — gestern waren ja a a paar Landsleut von mir da, und hab'n mir erzählt — daß sie sich entsetzt hätten — wiea wenig G'wand die Frauenzimmer z' Innsbruck anhaben! — (zur Pichler) Aber wart nur — i will a Verordnung ergehn lassen, die die Weibsbilder g'wiß zur Raison bringen soll! (zu Sweth) Setz di nieder, Cajetan, nimm ein' Bogen Papier mit 'n Amtsstempel — und schreib was i diktir! — (zur Pichler) I will dein' Mann vor solchene Verführungskünsten in Zukunft schon bewahren! Paß nur auf, jetzt! (an Sweth diktirend, der schreibt) „Es haben sich viele meiner braven Waffenbrüader darüber geärgert — daß die hiesinga Weibsleut, von allerhand Gattunga, ihre Brust und 's Armfleisch, entweder gar net — oder nur mit durchsichtigen Hadern bedecken — und dahero zu sündhaften Anregungen Veranlassung geben, welches Gott und jedem Christenmenschen mißfallen muß. — Man hofft, daß sie sich zur Hintanhaltung der Strafe Gottes bessern — widrigenfalls aber sie sich's selber zuzuschreiben haben — wenn sie auf keine freundliche Art — mit Koth bedecket würden. —

Pichler (sich die Hände reibend). Dös is recht! Dös is recht! —
Sweth. Soll ich das wirkli schreiben?
Hofer (fest). Ja! Das sollst du wirkli schreiben, und ka' Wörtl auslassen! (sieht über seine Schulter) Laß schauen! — So — jetzt ist's schon recht! Gieb her. — (Er unterschreibt.) Und jetzt schick's glei' ins Amtsblattel, damit's alle Weiber z' Innsbruck morgen Fruah lesen, und sich darnach richten können! — (Zur Pichler.) Na — bist jetzt z'frieden g'stellt? —
Pichler (freudig). Ja ja! Ich dank dir z'tausendmal dafür! Dös wird scho sei' Wirkung thoan!! —
(Lärm hinter der Scene.)
Hofer. Was ist das für a Lärm? Schau nach, Cajetan!
Sweth (lüftet den Vorhang).

Sechste Scene.

Die Vorigen. Man erblickt **Finette**, umgeben von einer Schaar bewaffneter Bauern; darunter **Huber** und **Wild**.

Finette (in aufgeregter, heftig gestikulirender Haltung. Sie trägt ein helles Seidenkleid mit kurzer Taille nach französischer Mode, um den Nacken weit ausgeschnitten, mit kleinen Puffärmeln). If will spreken mit ihre General — Monsieur Hofer!! —
Pichler (schnell). Sixtas, Vater Hofer — dös is scho' a Solchene!! —
Hofer. Was will die Person?
Huber (tritt vor). Die Mamsell da, hab'n ma in der Stadt aufgriffen! Sie g'hört zum G'folg' des Marschalls Lefebvre — und wir hab'n a Menge verdächtige Brief bei ihr g'funden — und Alle mit'n Marschall sein' Nam' d'runter!! —
Finette (eifrig). O quelle horreur!! — Was sein das gewesen für eine Brief? Seien es gewesen un lettre de politique? Non! — Seien es gewesen Briefe, worinn if conspirir gegen ihr Vaterland? Non! — (sie tritt an Hofer heran mit einer koketten Verbeugung) Mais — Monsieur General! — If will ihnen sagen, was seien es für g e f ä h r l i c h e Briefsaften! — (sich ihm kokett nähernd und leise sprechend) Es seien gewesen meine — lettres d'amours — die Briefe von Zärtlikkeit und Liebe — was mir geschrieben hat — mon Cavalier — der Erzog von Danzig, Marschall Lefebvre — an seine i n n i g s t g e l i e b t e — Finette! —

Hofer. Also — enkere Liebsbriaf?

Finette. Nix weiter — Monsieur General! — Und nun sein gekommen diese Wütherik — und haben es genommen weg — und alle meine Kleider, meine Spitzen, meine Bänder, meine Illusion, meine Smuck, meine Juvel — Alles! Alles haben confiscir diese Barbar! — O mon Dieu! mon Dieu! If sein von diese Affronte so malade — daß if fürkte — if werde ohnmäktig!! (Sie sinkt kokett an Hofer's Schulter.)

Hofer (lakonisch zu Wild). Geh, Touel, halts a weng, daß net umfallt! — (tritt zur Seite.)

Wild (will sie anfassen).

Finette (springt zurück, für sich). O bêtes Allemandes!! —

Hofer. Wo san die Brief? —

Huber (überreicht ein ziemlich großes Packet Briefe, mit Rosabändchen zierlich gebunden).

Hofer. Na — das ist a schön's Packel! Und das san lauter Liebsbriaf von eahm?! —

Finette (sich kokett den Fächer vorhaltend). Les folies amoureuse!?

Hofer. Aber der Herzog von Danzig ist ja verheirath' — und hat eh a Frau. — Wißt's net, daß so was a Schand und a große Sünd' ist — wann ma sei' Ehegesponsin betrügt?

Finette (naiv). Bei uns in Frankreik nikt!

Hofer. So? Schauts daher! — Also die Mamsell Finettel glaubt, daß a so a wüastes Leben in Frankreich koa Sünd wär?

Finette (bestimmt). Non non! Gewiß nikt! —

Hofer (schlägt die Hände zusammen). Gott sei Dank, daß wir von diese Sodomiten befreit san! — Dö hätten uns 's ganze Land ruinirt!! — (giebt ihr die Briefe) Da habts enkere sündhaften Brief z'ruck, und das Andere, was ma enk confiscirt hat, sollts a haben — aber das sag' i enk: binnen vierundzwanzig Stunden seids ma aus der Stadt, und wanns enk während dera Zeit noch amal so halbs nackat auf der Gassen segen laßts — wird enk der Büttel den Weg weisen!! — (Er macht eine gebieterische Handbewegung gegen den Ausgang.)

Alle (lachen).

Finette. O quelle horreur! Was sein diese Deutse für eine Bär!

Alle (lachen).

Pichler. Dös war ihr g'sund, dera unverschämten Person!

Niederkircher (kommt eilig). Wanns g'fällig ist — 's Essen ist herg'richt, für dich und deine Leut! — A kloane Ueberraschung hab i a! Die Rainerischen san draußen mit ehnara G'sellschaft! — Soll'ns eina kommen?

Hofer. Die Rainerischen? Na freili! Ist g'wiß der Franz dabei, der tapfere Schütz?

Niederkircher (winkt). Da san's schon!

(Der Vorhang wird weggezogen, man erblickt im Hintergrunde eine gedeckte Tafel.)

Siebente Scene.

Vorige. Die Rainerische Gesellschaft, Eisenstecken, Sieberer und die zur Tafel geladenen Gäste.

Hofer (ihnen entgegen). Grüaß enk Gott! — Grüaß di Gott Franzel! Hast wieder 'n Stutzen mit der Zithern vertauscht?!

Franz Rainer. Woaßt, Vater Hofer — i nimm's halt wie's kommt! Braucht's Landel wieder mein Arm, so häng i die Zithern an d' Wand und spiel den Franzosen auf mein' Kugelstutzen a Tanzerl auf!

Hofer. Woas eh! Warst a wackerer Schütz auf der Laditscher Brucken! Wo roast's denn jetzt umanander?

Franz Rainer. Wanns mögli wär, möcht'n ma halt gern ins Oesterreichische! Möcht gern a Wörtl mit'n Erzherzog Hannes reden? Hab eh scho' lang a Einladung von eahm kriegt!

Hofer. Thua das und grüaß'n schönstens von mir, und i laß'n halt inständigst bitten, auf's Landl net zu vergessen! Und derzähl eahm, daß ma viel Verwundete haben — und daß so viele Landsleut durch 'n Krieg um ihr Bisserl kumma sein — verstehst?!

Franz Rainer. G'wiß! I wir eahm's scho' ans Herz legen! Na, Vater Hofer, erlaubst's jetzt, daß ma dir mit an G'sangl aufwarten?

Hofer. G'wiß! A paar g'scheidte anständige Schnadahüpfeln hab i allaweil gern g'hört! Kameraden, gehn ma zum Essen! — Du, Pichlerin, kannst a da bleib'n! (Er nimmt sie unterm Arm.)

Pichler. Ja — aber mei' Toni!? —

Hofer (lachend). Der soll warten! Woaßt drah 'n Spieß um! Vielleicht wird er dann a weng eifersüchti' auf di — dös kann eahm net schad'n! Setz di her da zu mir!

(Man hört zwölf Uhr läuten.)

Hofer (horcht). Halt! Zwölfe läutens!!

(Pause, wo Alle beten.)

Hofer (nach dem Gebet). So, Rainer — jetzt kannst anfangen!!

(Alle setzen sich zu Tische, die Rainers placiren sich im Vordergrunde.)

Gesang der Rainers.

Tyrolerlied.

(Einlage.)

(Nach dem Gesange fällt der Vorhang.)

Sechstes Bild.

Dorf Steinach. Im Hintergrunde drei mächtige Bergkuppen. Rechts das Wirthshaus als Wohnung des Commandanten. Eine Pyramide von Trommeln und Gewehren, die kaiserliche Fahne mit dem Doppeladler ragt daraus hervor.

Erste Scene.

Speckbacher. Haspinger. Wallner. Huber. Stoß. Eisenstecken. Sieberer. Kolb. Petsch. Mayer. Der alte Nessing und sämmtliche bewaffnete Bauern und Schützen. Ein Schreiber.

Haspinger (steht auf einer Tonne. Alle stehn mit entblößten Häuptern um ihn herum). Alsdann, meine lieben Tyroler und herzliebsten Brüder! Wir müssen weiter kämpfen, da nutzt einmal nix! Unsere Nachbarn, die Bayern, sein jetzt amal dem Bonaparte seine getreuesten und tapfersten — Sklaven! Warum? Weil er aus dem **reichen Churfürsten von Bayern — ein armes Königlein** g'macht hat!! — Aber das macht Alles nix — denn Gott ist mit uns!! Ich geb' euch im Namen Sr. Heiligkeit den apostolischen Segen! und versprech' euch: Je mehr ihr von diesen Sklaven umbringts und derschießts — desto mehr habt ihr Ablaß von euren Sünden zu erwarten!! — Seids muthig, wie die Löwen! Wann ihr auch in diesem Kampfe fallts — bedenkts — daß ihr direkt in den Himmel kommts — wo eurer die ewige Seeligkeit harrt! Amen!

Alle. Amen!

Haspinger. So. — Und jetzt strömts herbei! Wer nur a Sensen oder ein' Dreschflegel tragen kann — Alt oder Jung — der soll sich einschreiben lassen! Es gilt das letzte Aufgebot, für unser Land, für uns're Freiheit!! (Er steigt herab.)

Mayer (ein 80jähriger Greis zum Schreiber). Schreibts mi ein! Schreibts mi nur glei ein! I stell mein Mann no! —

Petsch (vortretend, einen Dreschflegel als Waffe tragend). Und i bin a da! 's hat mi net g'litten im Sandwirthshaus, weil i g'hört hab' 's geht wieder los! I maaß a dabei sei' — wanns gilt! I schau nur so schwächli aus — aber meine Boaner — dö san von Eisen!! Schreiber! I hoaß Anton Petsch, aus'm Zillerthal! — (Geht zum Schreiber.)

Stoß. Ist's denn aber a wahr, daß der Koaser Frieden machen will mit'n Bonaparte?

Haspinger. Und wenn's wahr ist? — Es giebt kein' Frieden für uns!!

Speckbacher. Mir san im Krieg — und im Krieg woll'n ma a bleiben — bis a Ruah ist!

Alle. Recht hast! Es giebt koan Frieden jetzt!

Wallner. Kommt da net 'n Hofer sei' Knecht?! —

Zweite Scene.

Vorige. Wild mit Anderle tritt auf.

Speckbacher. Na — mir scheint gar, Toni, du thuast scho' kloane Buab'n anwerben? —

Wild. Ja ja! Is eh a so! (auf Anderle zeigend) Na? — Kennts eppa engern Suhn nimmermehr?

Speckbacher. Was?! — Meiner Seel, er ist's! — Du geh' her! Sag ma, Bua — warum bist net oben blieben z' Brunecken, beim Vettern, auf der Alm?

Anderle (tritt schüchtern vor, er ist bestäubt, und tragt auf der Schulter einen verrosteten Radschloßstutzen). Du fragst no, lieber Vater? — Was ös thuats, will i a thuan! — Franzosen derschieaß'n!! —

Speckbacher. Kind!? Wo denkst hin?

Wild. Ja, ja! Enker Bua grath' enk scho' nach? Hat a soakrische Schneid! (erzählt) Heut Fruah triff'n am Iselberg, wie er in der Erden umgrabt! — „Was machst da?" frag i — „Kugeln grab i aus, die gieb i 'n Vatern, der thuat damit d' Franzosen derschießen"! Und richti — er hat schon a ganz Sackel voll g'habt! Da san's! (Giebt ein Säckchen mit Kugeln an Speckbacher.) I hab'n halt nacha mitg'numma den lieaben Buab'n! — Der Kreuzwirth — z' Natters, den i im Vorbeigehn die G'schicht derzähl — hat ihm die alte Kugelbüchsen da g'schenkt! Fürchts enk net, Speck= bacher — es g'schiecht ihm nix damit — dö geht **nimmer los!!** —

Anderle. O i wir's schon zum Büchsenmacher trag'n, dem wir i sagen, was er z'machen hat, daß wirkli losgeht! Und wanns G'wehr a net **losgeht** — so schlag i halt mit'n Kolben d'rein!! (Er hebt das Gewehr hoch.)

Alle (lachen). Recht hat er! Bravo!

Haspinger (streichelt ihm die Backen). Bist ja a soakrischer Held, du! —

Speckbacher (lächelnd). Na — so bleib' halt in Gottes= namen da, Bua!

Anderle (freudig). Und darf i a mitgehn in die Schlacht, Vater!

Speckbacher. Was dir einfallt! Wann dir was g'schechat!

Anderle. Und dir? — Wann dir was g'schiechat, Vater? — (schmeichelnd) Laß mi bei dir bleiben — denn woaßt — wann di a Kugel treffat — nocha möcht i halt a nimmer leben! — Vaterl, woaßt — i stell mi vor di hin! Auf an kloan Buab'n wird der Feind net schießen — und so bist nocha g'sichert — gelt!? —

Speckbacher (drückt ihn an sich). Einfältig's Kind! Wo denkst hin?! — Sag' — hast leicht' an Hunger? —

Anderle (leise). Ja — Vater! Scho' lang — aber i hab mir's net z'sagen 'traut (auf Wild deutend) zu dem Mann — weil i glaub, daß er selber net viel hat!

Speckbacher (zu Wild). Geh Toni! Führ'n eine ins Wirths= haus! —

Wild. Ja ja! — Komm nur, du lieber Bua — jetzt kannst d'reinhau'n!! (Ab ins Haus mit Anderle.)

Haspinger (zu Speckbacher). Da kommt der Hofer jetzt, mit den zwei Abgesandten!! —

Dritte Scene.

Vorige. Hofer, Hormayr und Lichtenthurn (aus dem Hintergrunde links auftretend).

Hofer (aufgeregt). Und na sag' i! I glaub's amol net! —

Hormayr. Aber es hilft nichts! Du mußt dich in Geduld fassen und es ertragen! — Der Kaiser hat Frieden gemacht mit Frankreich!! —

Hofer (heftig). Ich werd's net eher glauben, als bis ich's schwarz auf weiß hab' — und bis der Koaser oder der Erzherzog Hannes schriftli mir vermelden thut! —

Lichtenthurn (ein Papier hervorziehend.) Ich bring' es euch — schwarz auf weiß! Hier ist ein Schreiben des Herrn Erzherzogs Johann, das ich euch überbringen soll! —

Hofer. Was? — Von ihm? Ist's wahr? — Na — dann gebt her! (Er greift hastig nach dem Brief, liest, das Papier zittert in seinen Händen.) Da steht's! — Da steht's wirkli! — (schmerzvoll) Aber na! Es ist ja net mögli, i kann's net glauben? — (Er betrachtet das Papier von allen Seiten; zu den Umstehenden) Schauts nur! Es fehlt ja auch sein Siegel! — Herr! Wie könnt's ihr sagen, daß das a Brief vom Erzherzog Johann is? Wo ist denn 's Siegel und d' Aufschrift?

Lichtenthurn. Es ist ja kein Brief, sondern eine offene Ordre, die ich in ganz Tyrol Jedermann zeigen kann! Aber, der Erzherzog Johann schickt sie, und hat sie eigenhändig geschrieben!

Hofer (stark). Ich glaub's net! — Ihr seids a Lugner, und wöllts uns verrathen!! —

Lichtenthurn (ängstlich). Aber, was fällt euch nur ein? —

Speckbacher. Es ist schon richti! — Schauts nur wie er dasteht und am ganzen Leib' zittert! — Das ist sein böses G'wissen!

Hofer (tritt an Lichtenthurn heran). Bringts ma 's Siegel d'rauf vom Erzherzog Johann — so will i glauben, daß' von ihm kommt! So aber ist Alles Lug und Trug, und List vom Feind, daß i mi ergeben sollt! (Er legt seine Hand auf Lichtenthurn's Schulter.) Halts 'n fest, er soll uns Alles eingestehn! I laß mi net fangen durch Spitzbüberei und Verrath!

Lichtenthurn (am ganzen Leibe zitternd). Ich bitte sie, lieber Freiherr — unterhandeln sie weiter mit Herrn Hofer — meine Nerven sind zu sehr alterirt — ich befürchte eine Ohnmacht! — (Er wankt ins Haus hinein.)

Hofer. Das macht, weil er a böses G'wissen hat! Er ist a Verräther, der uns an die Franzosen ausliefern will! —

Hormayr. Nein! Er ist ein Ehrenmann, und hat euch nur die Wahrheit berichtet! — Hör' mich an, Andreas! Was da drinn' steht, ist leider Alles buchstäblich wahr! Der Frieden ist abgeschlossen und keinem Zweifel mehr unterworfen! — Doch — da kommt dein Schreiber! (Sweth tritt eben ein.) Der soll sagen, ob das nicht die Handschrift ist, vom Erzherzog Johann! —

Hofer (giebt an Sweth das Schreiben). Auf dei' G'wissen und Ehr' frag' ich dich — ist das wirkli d'**Handschrift** vom Erzherzog?

Sweth (besieht das Schreiben). Ja! — Das hat er g'schrieben — es ist seine **eigenhändige Schrift**! —

Hofer (nimmt ihm langsam das Blatt aus der Hand, und starrt hinein). Also — **wahr? Wahr?!** Er hat das g'schrieben — schreiben können?! — Der Frieden ist geschlossen — und Alles ist **umasonst gewesen!!** (Er verhüllt sein Gesicht.)

Hormayr. Der Erzherzog hat sich dem **Willen** des Kaisers unterwerfen müssen — und der Kaiser — durch die äußerste Nothwendigkeit gedrängt — muß es **dulden**, daß Tyrol wieder an Bayern und Italien fällt! —

Hofer (schmerzlich). Er hat **müassen!** Muaß ma denn müassen — so lang ma noch auf die Treue 'eines Volks sich **verlassen** kann — wie auf das **unsrige?!** — I versteh's nimmer! —

(Im Hintergrunde haben sich während dieses Vorganges Gruppen gebildet, die eifrig miteinander sprechen.)

Speckbacher (tritt vor). Unterdruck dein' Schmerz jetzt! Der Herr von Hormayr will a Antwort! Sag ihm was du d'rüber denkst! —

Hofer (vor sich hinstarrend). Was i d'rüber denk? O mei guater tapfrer Freund! (mit einem schweren Seufzer) I denk — daß wir arme unglückliche Menschen san — die ganz umsonst ihr Gut und Blut — ihr Leb'n und ihr **Freiheit auf's Spiel** g'setzt haben! — Tyrol ist verloren, und all' meine lieben Landsleut san in **Unglück und Todesgefahr!** — Herr Gott! Kann ich denn nix thun, um die große Noth **abz'wenden?!** — Kann ich denn gar nix mehr thuan, um's Landl z'retten?! —

(Er fällt schluchzend in einen Stuhl und verhüllt sein Gesicht.)

Hormayr (an ihn herantretend, schnell und eindringlich). Viel und Großes kannst thun! Du kannst das fernere Blutvergießen verhindern, kannst den Feind sanft machen und mild, daß er den Besiegten schont, und keine Rache nimmt an den Wehrlosen! Befiehl deinen Leuten, die **Waffen niederzulegen** — und kehr' selbst in dei' **Wirthschaft zurück**! —

Hofer (schmerzlich hinstarrend). Auf Gnad' und Ungnad' soll'n wir uns dem wüthigen Feind ergeben?! O o o! —

Hormayr (schnell). Es bleibt dir keine Wahl! Schau — von allen Seiten ziehn sie heran mit ihren Heeresmassen, mit ihren Kanonen! Ganz Tyrol ist umzingelt! Es giebt keine andere Rettung mehr, als — Unterwerfung! Befiehl deinen Leuten — geh' ihnen selbst mit gutem Beispiel voran — und **Tyrol ist gerettet, und kein Blut wird mehr vergossen werden**!! —

Hofer (faltet die Hände). Wenn das wahr wär'? Wenn i die Versicherung hätt' — daß es wahr wird?! —

Hormayr (schnell). Es wird geschehen! Schreib an den General Drouet, und an den Vizekönig nach Villach! Biet' ihnen **freiwillig deine Unterwerfung** an, und sei gewiß, sie werden alles Vorgefallene vergessen, und dem gedrückten Volk, Güte und Schonung angedeihen lassen!! —

(Während dieser letzten Rede Hormayr's ist im Hintergrunde der **junge Neſſing** aufgetreten, erhitzt und staubbedeckt. Er theilt den aufgeregten Gruppen eine Senſations= nachricht mit, die eine große Bewegung hervorruft.)

Hofer (steht auf, mit einem tiefen Seufzer). Wohlan denn! Es bleibt uns nix Anderes übrig! Komm, Cajetan! I will demüathig und unterwürfig mei' Capitulation — auf **Gnad und Ungnad** — unterschreiben! — Dann will i meinen armen Landsleuten mit guatem Beispiel vorangehn — und heimwandern — zum Sandwirthshaus — und meinen Kameraden weisen — wie man sich **still und gottergeben unterwerfen** muaß! Komm!!

(Er wendet sich, um ins Haus zu gehen.)
(Die aufgeregten Massen treten ihm stürmisch entgegen.)

Speckbacher (tritt vor). Halt, Vater Anderle! Was willst thun? Dei' schmachvolle Unterwerfung willst unterschreiben gehn? — Hör' erst den da an! — Red', Peter Neſſing!! —

Peter Neſſing (flammend). 3000 frische Kernschützen kommen über den Jaufen uns zu **Hilf**! D'rüben im Pusterthal ist **Alles in Kampf und Aufruhr**! — Der Martin Schenk hat die Bayern über die Grenz z'ruck'trieb'n — und die

Rodenecker stehn in B'reitschaft, um bei der Klausen den Rusca zu verjagen!! —

Speckbacher (flammend). Und dazu soll'n wir ruhig still halten!?

Wallner (schnell und feurig). Warum soll'n wir's g'schehn lassen, daß d' Franzosen ins Passeyr einziehn? Warum — frog i?!

Alle (rasch). Na! Wir woll'ns nimmer g'schehn lassen!

Wallner (rasch). Andreas Hofer! Obercommandant von Tyrol — komm mit uns!

Alle (flammend). Ja! Komm' mit uns, Hofer!

Speckbacher (dringend). Du hörst's! Red, was willst' thun?!

Stoß (wild). Wir woll'n uns net unterwerfen! Und so wie wir, denkt 's ganze Landl!!

Huber (feurig). Keiner will sich unterwerfen!

Wallner (flammend). Sterben woll'n wir lieber, als uns unterwerfen!!

Alle (feurig). Ja! Sterben woll'n wir lieber!

Wallner (feurig und rasch). Du sollst — du mußt unser Commandant sein!

Peter Nessing (wild). Wir halten dich fest — wir lassen dich net! — Ang'fangen hast du's — so mach's a jetzt aus!! —

Alle (stürmisch). Ja! Wir lassen dich net!

Speckbacher (flammend und eindringlich). Du hast das letzte Aufgebot erlassen! Wer nur a Waffen tragen kann — Greise, halbe Kinder noch, ja Weiber selbst — woll'n ihr Liebstes vertheidigen, und strömen uns von allen Seiten zua! — Net mehr aufzuhalten ist der Strom! — Wir Männer san noch dieselben — die Sach' ist a dieselbe — folgli sei' a du derselbe Andreas Hofer — Obercommandant von Tyrol!! —

Hofer (am ganzen Körper vor Erregung zitternd, seine Augen funkeln, er richtet sich hoch auf). Ja! Ja! — I will a derselbe bleiben!! — Es geht a net anders! — Wir müassen kämpfen — und lieber sterben — als schmachvoll leben!! —

Speckbacher (jubelnd). Hoch, unser Commandant!

Stoß (schnell). Hoch, der treue Hofer!

Alle (flammend). Hoch! der treue Hofer!! —

Hormayr (schnell bei Seite). Es ist vorbei! Die Kugel ist im vollen Rollen — und unaufhaltsam stürzt sie in den Abgrund! (Schnell ab ins Haus.)

Hofer (vortretend). Ihr habt mich jetzt! I bin der Eurige! Aber macht mi net verantwortli für die Zukunft! Mag der liebe Herrgott uns gnädig sein und uns behüaten — und wanns sein kann — uns noch amol den Sieg verleih'n! — Und jetzt reicht's mir die Fahn' her dort — mit dem Kaiser-Adler — der uns dreimal schon zum Sieg geführt! (Die Fahne wird ihm gebracht.) Stellts euch her um mich, Alle — und schwörts mir auf die Fahn' — und bei dem Blut unseres Heilands und Erlösers — daß ihr von dieser Stund an kämpfen wollts für's Landl — ihm alle eure Kräfte weih'n — und lieber zu sterben und zu verderben — als nachzulassen im Kampf oder dem Feind sich zu unterwerfen! Schwörts!!

Alle (im Chor feierlich). Wir schwören auf das Blut uns'res Heilands — daß wir kämpfen wollen für's Landl — ihm alle uns're Kräfte weih'n — und bereit sein, lieber zu sterben — als nachzulassen im Kampf — oder uns dem Feind zu unterwerfen!! —

Hofer (feierlich). Gott hat den Schwur g'hört — er wird uns gnädig sein!! —

Große Gruppe.
(Musik.)
(Der Vorhang fällt.)

Siebentes Bild.

Das letzte Aufgebot.

Großes lebendes Tableaux nach dem bekannten Bilde von **Defregger**.

Stoß, Mayer, Petsch, Wallner in der Gruppe.

Achtes Bild.

Winterlandschaft auf einer Hochalpe. Mondnacht. In der Mitte im Hintergrunde, auf einem kleinen Hügel, eine halbverfallene Sennhütte. — Ein schwaches Licht schimmert durch das kleine, mit Papier verklebte Fenster. Alles starrt in Eis und Schnee. Auf dem Prospekt eisbedeckte Firnen und Gletscher.

(Kurze Einleitungsmusik.)

Erste Scene.

Raffel.

Raffel (steigt leise aus der Tiefe im Vordergrunde herauf, sieht sich vorsichtig um, geht dann auf den Zehen zur Hütte und sieht durch das kleine Fenster). Alles richti! Sie san noch d'rinn! — Der Sandwirth — sei' Weib, und 's kloane Büabel! — — Hab' die Streifpatroll a halbe Stund von da warten lassen — wollt mi erst überzeug'n ob mei' Wild net eppa den Standplatz g'wechselt hat! — Jetzt hoaßt's rasch handeln! — Bald ist Alles hier im tiefen Schlaf! — Er kann ihnen nimmermehr entgehn, und mir ist der Preis, der auf sein' Kopf g'setzt ist — sicher und g'wiß! — Vorwärts! Rasch muß g'handelt werden! (Er verschwindet wieder, von wo er kam.)

Zweite Scene.

Franz Rainer und Anton Wild (von rückwärts über's Gebirg kommend, sie stützen sich auf Bergstöcke).

Wild (einen vollgepackten Zwerchsack auf dem Rücken). Gebts nur Obachting, Rainer — a Fehltritt da — und g'fehlt wär's um euer Leben — da geht d' Wand owi!! —

Rainer. Hab' ka Sorg um mi! Kenn eh den Weg! Bin oft übrig'stiegen da, über d' Pfandelscharten!

Wild (sieht gegen das Fenster). Sie san auf — 's Licht brennt no! — Damit sei' Wei' net derschrickt, so ruaf'n aussa — und ös kinnts da mit ihm reden! Warts nur! (er klopft leise ans Fenster) Vater Hofer! Derschreckts net — i bin's — der Tonel! — Proviant hab i bracht! —

Dritte Scene.

Vorige. Hofer (tritt aus der Thür).

Hofer. Du bist's? Bist's wirkli? Du treue Seel! Fürchst net den mühsam harten Weg da herauf in kalter Wintersnacht? Wie kann i dir das jemals vergelten? —

Wild. Na, ist's eppa net mei' Schuldigkeit? I thua nur, was i für mei' Pflicht halt! — In mein' Zwerchsack bring i Brod, Fleisch und Mehl — und a Flascherl Wein ist a dabei — den hat ma der alte Petsch für enk mitgeb'n! Und da, (auf Rainer zeigend) da hab i no was mitbracht!?

Hofer (erschreckend). Wer ist der? —

Wild. Derschreckts net! Der verrath enk net! 's ist a guater Bekannter von enk — der Rainer Franz! —

Hofer (tritt näher). Ja — bei Gott! Der Rainer ist's! (Giebt ihm die Hand.)

Rainer (tief erschüttert). Ich bin's! O armer, armer Hofer, du! —

Hofer (geht an die Thür). Anna! Komm 'raus! Schau wer da ist?

Vierte Scene.

Vorige. Anna (den neunjährigen Knaben Johann an der Hand führend).

Hofer. Der Rainer Franz hat uns hoamg'sucht!

Anna. G'seng dir's Gott, du Braver!

Rainer (zu Hofer). Der Erzherzog Johann schickt mi her zu dir! —

Anna. Der guate Erzherzog!

Hofer (freudig). Er hat uns also net vergessen? —

Rainer. Wo denkst hin? — Der Erzherzog schickt mi und laßt dich bitten, du sollst dich mit deiner Famili' zu ihm retten! — Ich hab Alles was ma brauchen zur Flucht; — falsche Päß' und Geld gnua — und das kann viel in der Welt, mir brauchens net zu sparen! I kenn a die Weg' g'nau, bis übri ins Steyrische und bring di sicher über d' Höchen fort! — Der Erzherzog hat dir schon a Haus eing'richt in ein' Dorf, das ihm g'hört — dort sollst logir'n mit deiner Famili' — und sollst sei' Gast und lieaber Freund sein! —

Hofer. Das ist brav und treu von ihm, daß er mi net vergessen und für uns sorgen möcht! — Und brav ist's a von dir, Rainer, daß d' den weiten, beschwerlichen Weg zu mir her= g'macht hast! —

Rainer (dringend). Und du nimmst es an — gelt? Du kommst mit mir?

Hofer (auf Anna und den Knaben zeigend). Und die da? —

Anna (zärtlich). Erst rett' du dich! Rett' dich für uns und für's Land! Wenn du erst in Sicherheit bist, so werden die Feind' uns wohl in Ruh lassen — und ich komm dir dann nach mit den Kindern! —

Wild (rasch). I bring enk's nach, verlaßts enk d'rauf! —

Rainer (immer dringender). B'sinn dich nit — ich bitt' dich, Anderle! denn — wenn du 's net thust — bist verloren! — I fürcht' d' Franzosen san schon auf deiner Spur. — A Bauer hat erzählt, daß er dich neulich g'sehn und g'sprochen hätt'!

Hofer. Der Raffel war's! Er hat da oben nach einer versprengten Kalbin g'sucht, und mich g'sehn! I hab ihm aber Geld geb'n, daß er still sein soll, und er hat mir 's feierli g'lobt, daß er mi net verrathen will!

Rainer. Er muaß aber doch sei' G'löbniß schlecht g'halten haben, denn er hat gestern in Winklern unten erzählt, er wißt, wo der Hofer sich versteckt halt! — Vergiß net, daß 10,000 Gulden auf dein Kopf g'setzt san!! —

Anna (Hofer umklammernd). Rett' dich, Mann! Wenn du mich und die Kinder lieb hast — so rett' dich von deinen blut= gierigen Feinden! Rett' dich für dei' Weib — für deine armen Kinder! —

Hofer (schmerzvoll). So wahr mir Gott helfen soll — i vermag's net! — I will thuan was i kann, um mich z'retten — aber aus'm Landl geh i nit! Sag' das dem lieben Erzherzog — und sag ihm auch — i laß mi herzli bedanken, daß er mi hat retten woll'n auf seine Weis' — und er sollt net bös sein, daß ich 's net annehmen kunnt! — Will er sunst was für mi thuan, so soll er zum Koaser Franzl gehn, und soll ihm sagen: „i wüßt wohl, daß er selber uns net verlassen hätt' — und daß nur seine bösen Schreiber 's Unglück vom Landl verschuld't hätten! Und i laß den Koaser bitten, er sollt sich für meine g'fangenen Landsleut beim Feind verwenden — mich aber nimmer trennen von Tyrol!"

Anna. Andreas, du bist verloren — ich fühl's da in mein' Herzen — du bist verloren, wennst net mit'n Rainer in der Nacht noch entfliehst! —

Hofer. Und i fühl's in mein Herzen, daß ich bleiben muaß! — Aber willst mir ein' Lieabsdienst noch erweisen, Rainer — so nimm mein Weib und mein Buab'n mit dir! Der Feind bedroht sie so gut wie mich!! —

Rainer (seufzend). Das ist net mögli, Anderle! Die furchtbaren Schneefelder und Gletscher sein net passirbar für a Weib und ein' klein' Büaberl!!

Hofer (nimmt ihn bei der Hand). Sieachst, Freund — (zärtlich) das Lieabste sollt' i verlassen, blos um mei' armseelig's Leben z'retten?! — I muaß bleiben, schon darum — um sie z'retten! — Fort können die Zwei jetzt net, das hast selber g'sagt; und laß ich's z'ruck, und der Feind spionirt's aus — und find't's? — Martern thät er's, und umbringen aus Bosheit, weil ich ihnen auskommen bin!! — Wann i aber bleib, und sie finden mich — werdens mei' unschuldig's Weib und mei' Büaberl wohl frei ziehn lassen! — Kannst ma Unrecht geben? —

Rainer (drückt ihm ergriffen die Hand).

Hofer. Und jetzt — geh' Freund, und rett' dich selber! Ich dank dir tausendmal für die treue Lieab! —

Rainer (schmerzvoll). So muaß i di wirkli dein' Schicksal überlassen?! —

Hofer. Wir stengan Alle in Gottes Hand! Er wird machen — wie's recht ist!

Rainer (drückt ihm gerührt die Hände, und geht dann aufwärts, im Hintergrunde noch einmal sich wendend und Abschied winkend, dann ab).

Hofer (zu Anna). Wein' net — es muaß so sein! — Geh' jetzt lieb's Weib, mit'n Hanns z' Bett — zeitli in der Fruah brechen ma auf! I weiß, nit weit von da, a andere Sennhütten, bis dorthin werden ma uns scho durch'n Schnee durcharbeiten! Geh, mei Guate — geh! — (Er geleitet sie zur Thüre. Anna mit Johann ab.)

Hofer (zurückkehrend). Jetzt hör' mi an, Toni! — Es kann was d'ran sein, an der G'schicht mit'n Raffel, und die

Franzosen können erfahren haben, wo i bin, und können da herauf kommen! — Morgen Früh hilfst mir no die paar Habseligkeiten fortschleppen, und nachdem gehst thalab, ins Passeyer! Bei mein' Schwagern, wo meine Madeln sein, find'st schon a Unterkunft! —

Wild (freundlich, guthmüthig). Das ist net enker Ernst. Na na, Vater Hofer! Oes wollts 's L a n d l net verlassen im Unglück, weil's enk ans Herz g'wachsen ist, — i will enk a nit verlassen im Unglück — weil ös mir a ans Herz g'wachsen seids! — I bleib da!! —

Hofer. Ist's wahr?

Wild. G'wiß und wahrhafti! —

Hofer. I dank dir! So bleib denn bei mir du treue Seel, bis die Stund kommen wird, wo wir s c h e i d e n m ü a s s e n! — Komm jetzt in d' Hütten, wir woll'n für den morgigen Tag das Weitere berathschlagen! Komm'! (Beide in die Hütte ab. Wild sperrt hinter sich die Thüre ab.)

(**Kleine Pause.**)

(Unheil verkündende Musik im Orchester.)

Fünfte Scene.

Aus der Tiefe wird erst **Raffel** sichtbar. Hinter ihm steigen vorsichtig **zwölf Mann französische Grenadiere,** von einem **Sergeanten** geführt, herauf.
(Musik schweigt.)

Raffel (leise). Dort ist die Hütten! Dort d'rinn ist er! —

Sergeant (leise seine Befehle ertheilend). Umstellt die Hütte rasch! (zu zwei Grenadieren) Und ihr, brecht die Thüre ein!! —
(Zwei Grenadiere stemmen ihre Gewehre gegen die Thüre — die Bretter krachen — die Thüre springt auf.)

Sergeant (mit starker Stimme hineinrufend). Andreas Hofer! Kommt heraus! Ihr seid unser Gefangener!

Anna's Stimme. Barmherziger Heiland! d' Franzosen sein da!! —

Wild (an der Thüre sichtbar). Mir san verrathen! d' Hütten ist umstellt!

Hofer (von innen). Ist's so, wie du sagst? —

Wild (jammernd). Ja, ja! Des seids verloren.

Hofer (von innen). Nun alsdann — wie Gott will! (Jetzt tritt er aus der Hütte.) Da bin ich! Ich bin der Andreas Hofer, der ehemalige Commandant der Tyroler!! —
(Wild, Anna mit dem Knaben treten heraus.)

Sergeant. Ergreift ihn! Legt ihn in Ketten!
(Es geschieht.)

Hofer. Thuts mit mir, was wöllts! Aber für mei' Weib, und mei' Büabl — bitt i um Gnad!

Johann (sich an Hofer klammernd). Lieber Vater! Sie wöll'n di g'fanga nehma? Wer hat di denn verrathen? —

Hofer (auf Raffel zeigend). Dort steht er! — Du hast dei' Bluatgeld redli verdient, Raffel! Aber büaßen wirst du's müaßen, in alle Ewigkeit! Judas!! —

Johann (ihm mit der Hand drohend). In alle Ewigkeit! Judas!!

Raffel (zuckt zitternd von dem Fluche des Kindes zusammen).

Sergeant. Was eure Angehörigen betrifft, so haben wir keine Ordre! Der Befehl lautet nur, des Sandwirths habhaft zu werden und ihn nach Mantua zu bringen! —

Hofer (freudig). Es ist so, wie i g'sagt hab! Mei' G'fangenschaft macht Weib und Kind frei, und erlöst sie aus aller G'fahr!! —

Anna. Aber ich will dich net verlassen! Ich bleib' bei dir und geh' mit dir in den Tod! O mei' armer, armer Mann!

Johann. I laß mi a net fortstoßen! I will beim Väterle bleiben! Und muaß er sterben — so will i a nit leben!
(Seine Knie umklammernd.)

Alles (ist gerührt, der Sergeant trocknet sich heimlich eine Thräne).

Hofer (nach einer kleinen Pause). Anna! Du mußt bei die Kinder bleiben — mußt ihnen ihr Bißerl Hab und Gut erhalten — und sie erziag'n in der Furcht des Herrn!

Anna (an seinem Halse schluchzend). Stoß mich nit von dir! Laß mich nit einsam und ohne Trost zurück! —

Hofer (preßt sie ans Herz, dann nach Oben deutend). Dort ist unser Aller Tröster! Auf eahm vertrau' und bau' — er wird Alles zum Besten lenken!! —

(Sanfte Musik.)

Gruppe.

(Der Vorhang fällt.)

Neuntes Bild.

Weite Halle in der Festung zu Mantua, in der Mitte mit einem großen Bogen, der jetzt durch einen Vorhang geschlossen ist. Rechts und links Tische und hohe Stühle.

Erste Scene.

Sechs französische Offiziere vom Obersten abwärts stehen im Kreise. Zwei Grenadiere als Wachen rechts, zwei links.
(Trommelwirbel.)

General Bisson (mit zwei Adjutanten tritt ein; Alle salutiren). Ich habe sie hieher bitten lassen, meine Herren, um ihnen das Ergebniß meiner Bemühungen bezüglich des Urtheiles über Andreas Hofer mitzutheilen! Sie wissen, daß das Kriegsgericht theilweise für langjährige Gefangenschaft, und theilweise sogar — für gänzliche Lossprechung stimmte! Ich sandte daher gestern Früh einen Courier nach Mailand, und erbat mir von Sr. königlichen Hoheit dem Vizekönig eine umgehende Antwort: was nun mit Andreas Hofer zu geschehen habe! — (seufzend) Die Antwort, die eben angekommen — lautet leider kurz und bestimmt! Hier ist sie: (er entfaltet ein Papier) Andreas Hofer ist binnen vierundzwanzig Stunden, das ist nach Erhalt dieses Befehls, zu **erschießen.**
(Allgemeine Bewegung.)

Bisson. Ich habe bereits Alles angeordnet, um dem Befehl nachzukommen! (Er giebt ein Zeichen. Ein Sergeant geht rechts ab.)
(Nach einer kleinen Pause tritt Hofer, gefolgt von einem Kerkermeister, herein.)

Zweite Scene.
Vorige. Hofer (gefesselt). **Ein Kerkermeister. Sergeant.**

Bisson. Andreas Hofer! Ertragt die Mittheilung, die ich euch nun zu machen habe — als Mann und christlicher Held, der ihr stets gewesen!

Hofer (ruhig). Ich bin auf Alles g'faßt!

Bisson. Laut eines soeben eingetroffenen bestimmten Befehles Sr. königlichen Hoheit des Vizekönigs von Italien — habt ihr binnen kurzer Frist den **Tod** durch **Erschießen** zu erleiden!! —

Hofer. Ich bin jederzeit **bereit** gewesen! — Also — wenigstens werd' ich als Soldat, und nicht als Verbrecher ge=

richtet! — J bin z'frieden! Vor Kugeln fürcht' i mi net — und vor unserm Herrgott zu erscheinen — a net!! — Er hat's immer gut mit mir g'moant, und moant's a jetzt gut — weil er mich von der Erden erlöst!

Bisson. Wenn ihr noch besondere Wünsche habt, so sagt es — und ist es möglich, so sollen sie erfüllt werden!

Hofer. Ich hab wohl noch Einiges, um das i enk bitten möcht! — Zuerst möcht i mein' getreuen Knecht, den Anton Wild, noch einmal sehn! Sie haben ihn, von mir weg, in a extra G'wahrsam bracht! —

Bisson (winkt dem Kerkermeister, welcher abgeht). Habt ihr sonst noch Wünsche?

Hofer. Um ein Schreibzeug möcht i bitten, und ein' Bogen Papier, weil i halt do no an mei' lieb's Weib und an meine Kinder schreiben möcht!

(Auf Bisson's Wink geht der Sergeant ab und bringt das Verlangte und stellt es rechts auf den Tisch.)

Hofer. Dann bitt ich, daß man mir einen Geistlichen schickt! Und wenn man mir in dieser Welt noch a Gutthat erweisen will, so möcht i halt von mein' lieben Landsleuten, dö hier in den Kasematten g'fangen sein, mit a paar Wort Abschied nehmen!

Bisson. Ich will sehen was sich thun läßt! (Bisson mit allen Offizieren ab, die Wachen bleiben.)

Dritte Scene.

Der **Kerkermeister** mit **Anton Wild**, von rechts.

Wild (auf Hofer zustürzend). Ist's wahr? Ist's denn wirkli wahr? —

Hofer. Still, Toni! Woan net! Der liebe Gott allan woaß was guat ist! —

Wild (weinend). Ja ja! I glaub's eh! Aber doch — doch? So — so ein End'! Himmlischer Vater! Wodurch habts dös verdeant? Wodurch, frag i?! —

Hofer. Na — und was ist's denn weiter! Denk dir i zieag heut in a Schlacht — und kehr nimmer z'ruck! Denn besser ist's, die Kugeln treffen mi heut — als daß i no länger so leiden müßt! — Und jetzt Toni, laß mi an meine Ang'hörigen schreiben! Den Brieaf tragst du ihnen hinüber ins Passeyer! Gelt, du thuast ma den letzten G'fallen?

Wild (sich die Augen wischend). G'wiß! G'wiß! —

Hofer (setzt sich an den Tisch und schreibt). Herzallerliebstes Weib! Lieabe, guate Kinder! Der göttliche Wille ist's gewesen, daß ich hier zu Mantua mei Zeitlich's mit dem Ewigen hab' verwechseln müaßen. — Aber, Gott sei Dank für seine göttliche Gnad, mir kommts so leicht vor, als gang's zu oaner Hochzeit! Herzallerliebstes Weib! Kränk di net um mi — i werd' schon bei Gott bitten für di und für die Kinder, daß er euch net verlaßt, und der guate Koaser Franzl wird a scho' für enk sorgen, dös bin i g'wiß! — Mit dem Geld was d' noch hast, rechn' ab mit den Leuten, so redli als d' kannst, damit ich's net zuabüaßen muß! — Erziag die Kinder in der Gottesfurcht, und bewahr ihnen das Angedenken an ihren Vatern! Und jetzt — lebts Alle wohl — bis wir im Himmel z'sammkemman — und dort Gott loben ohne End'! Ade, meine schnöde Welt! So leicht kimmt mir's Sterben an, daß mir nit amal d' Augen naß werden! Geschrieben um neun Uhr, und bald darauf reis' ich mit Hülf aller Heiligen zu Gott! Mantua, den 20. Februari 1810.

Dein und uns'rer lieben Kinder, im Leben wie im Tod geliebter und getreuer
Andrä Hofer.

(Er steht auf und faltet den Brief zusammen.) So — das wär auch g'schehn! — I moan der Geistliche kommt schon. — Da nimm den Brief zu dir, Toni! — (Er übergiebt ihm den Brief.)

Sergeant (meldet). Der Probst von St. Barbara hat es selbst übernommen, euch den letzten Trost zu verabreichen!! —

Vierte Scene.

Vorige. Der Probst Manifesti (ein Greis in Silberhaaren, im Ornate, ein Gebetbuch und ein kleines Crucifix in Händen, tritt ein. Er segnet die Anwesenden. Hierauf Alle ab bis auf Hofer. Der Kerkermeister stellt einen Stuhl, dicht wo Hofer kniet, und geht leise ab).

(Kleine Pause.)

Hofer und Manifesti (allein).

Manifesti (setzt sich und reicht Hofern die Hand, die derselbe küßt). Du hast die Tröstung der heiligen Kirche verlangt, mein Sohn, ich komme um sie dir zu reichen! —

Hofer (ergriffen). Ihr selbst, hochwürdigster Herr? Die hohe Gnad!

Manifesti (einfallend). Die Gnade ist bei Gott — und Andreas Hofer ist sicher, derselben theilhaftig zu werden! — Ich höre dich, und bin bereit, dir auf deinem letzten Wege den Frieden zu verkünden! — Hast du deine Seele erforscht und gelobst du mir die Wahrheit deines Herzens zu bekennen? —

Hofer. So wie der allgütige Heiland in mei' Herz schaut — so könnts ihr's auch — hochwürdigster Herr!

Manifesti. Sprich also, welcher Sünden klagst du dich an?

Hofer. Mei' Seel war mit Haß erfüllt, gegen den, der mich verrathen hat! — Gern nimm i den Fluch zurück, den ich gegen ihm ausgestoßen! Und wie mei' Heiland und Erlöser seinen Peinigern verziehen hat, so will ich auch thun, und ihm aus Herzensgrund verzeihn!

Manifesti. Und was ist es, das noch dein Herz belastet?

Hofer. Hochwürdigster Herr! Wissentlich hab' ich Niemanden Böses zuag'fügt! — Aus Irrthum, ja — aus Irrthum hab ich g'wiß viel g'sündigt — und ich bereu's auch tief im Herzen! Denn durch mein' Irrthum san viele meiner armen Landsleut unglückli worden! Hätt ich zehn Leben — und könnt ich damit wieder Alles guat machen — Zehnmal ging i dafür freudevoll in den Tod! —

(Kleine Pause.)

Hofer. Jetzt wißt ihr Alles, was mei' Herz belastet hat! —

(Sanfte Musik.)

Manifesti (legt ihm die Hand auf's Haupt). So geh' denn hin, und sterbe als Christ und Held den Märtyrertod für's Vaterland! Kraft der Gewalt, die mir verliehn, verzeihe ich dir deine Sünden! Wie du gethan auf Erden, so geschehe dir im Himmel!! (Er reicht ihm das Crucifix zum Kuße.)

(Trommelwirbel auf einer mit Tuch überspannten Trommel.)

Fünfte Scene.

Die großen Vorhänge, die den Hintergrund abgeschlossen, werden nun auseinander gezogen, man sieht auf die Festungswälle, darüber weg, den Horizont. Zwölf Mann Grenadiere in Parade mit dem Sergeanten schließen den Hintergrund ab. Links: General Bisson und sämmtliche Offiziere — rechts: Eisenstecken, Sieberer, die beiden Nessing, Stoß, Kolb, Mayer und Andere, alle in Ketten. — Wild und der Kerkermeister. —

Hofer. Ah! Die Zeit ist um!

Bisson. Andreas Hofer, Sandwirth und ehemaliger Obercommandant der Tyroler, seid ihr vorbereitet für euren Todesgang?

Hofer. Ich bin mit Gott versöhnt — und in Bereitschaft! (Auf einen Wink Bisson's nimmt der Kerkermeister Hofer die Ketten ab. Gleichzeitig drängen sich die gefangenen Bauern an Hofer heran, küssen seine Hände und umfangen seine Kniee.)

Hofer (zu Manifesti gewendet). Hochwürdigster Herr! Ich hab noch 500 Gulden in der Cassa! Net wahr, das Geld wollts ihr an meine armen Landsleut da vertheilen?! — (zu den Bauern gewendet, sie tröstend, ruhig und fest) Weints net, und verzagts net! — Wir haben doch net ganz umsonst gekämpft und unser Bluat vergossen! Es wird scho' no a beff're Zeit kommen für mei' lieb's Tyrol — und eines Tages wird's ja doch wieder frei! Da d'ran sollen Alle glauben! Lebts wohl! Lebts wohl! Alle! Alle! (zu Manifesti) Ehrwürdiger Herr, das Crucifix da, nehmts von mir zum Andenken! (Er nimmt das kleine Kreuz herab, welches er um den Hals trägt.) Ich hab's seit zwanzig Jahren auf der Brust 'tragen — es soll euch an den Andrä Hofer erinnern! — (zu Wild) Leb' wohl, du treue — treue Seel! Erzähl mein' Weib und mein' Kindern, daß ich freudi den Tod erduldet hab — und daß ich woaß — wir werden uns im Himmel wiederseg'n! (zu Manifesti) und net wahr — so g'schichts?! —

Manifesti (umarmt ihn). Gewiß! Mein geliebter Sohn! —

Hofer (hoch aufathmend, als wälzte er eine drückende Last von seiner Brust). Und jetzt — jetzt vorwärts, zu mein' letzten Gang! Hoch mei' Oesterreich! Hoch mei' Land Tyrol!! —

(Trommelklänge.)

Der Zug setzt sich in Bewegung. Voran der Tambour, dann der Sergeant und sechs Mann. Hofer und Manifesti; Hofer winkt seinen Landsleuten Abschied zu — hierauf gehen wieder sechs Mann, zum Schluß Bisson mit den Offizieren. Die gefangenen Tyroler werden nach der entgegengesetzten Seite durch den Kerkermeister und vier Mann Wache abgeführt.

Letzte Scene.

Anton Wild (bleibt zurück, Hofern nachblickend). Mei' Herz — i glaub — es müaßt still stehn! — Da geht er hin — unerschrocken, wie a Märtyrer! Den besten, den bravsten Mann von Tyrol — ermordens jetzt!! — (Die Trommel schweigt.)

(Musik beginnt.)

(Melodie der letzten Strofe des Hoferliedes.)

Wild (macht einige Schritte, sieht hinaus, während der Musik sprechend) Sie halten still! (mit zurückgehaltenem Athem) Er tritt heraus! — — Jetzt redt er was mit'n Sergeanten! — — Der geistliche Herr giebt ihm den letzten Segen —! Jetzt geht er weg — von ihm! Sie schließen 's Quarré — — die Gewehr senken sich —

(Man hört von außen, doch nicht zu nahe, Hofer's Stimme)

„Gebts Feuer!"

(Die Schüsse fallen.)

Wild. Vorbei! Vorbei —! (Er fällt ohnmächtig zu Boden.)

Die Musik spielt den Refrain des Hoferliedes zu Ende, während dessen verhüllen Wolkenschleier die ganze Bühne. Nach einer kurzen Pause heben sich die Wolken wieder, sanfte Musik beginnt, die Scene ist verändert, und man erblickt:

Zehntes Bild.

Lebendes Tableaux als Apotheose.

Das Hofer-Monument, getreu wie es in der Innsbrucker Hofkirche steht, umgeben von Tyroler Bauern, Weibern, Kindern, die das Standbild bekränzen und in liebevoller Verehrung zu Hofer's Antlitz aufblicken. Die ganze große Gruppe wird mit elektrischem Lichte von Oben beleuchtet.

(Der Vorhang fällt.)